Andreas R. Batlogg

Leo XIV. – der neue Papst

Andreas R. Batlogg

Leo XIV. – der neue Papst

HERDER
FREIBURG · BASEL · WIEN

Umschlagmotiv: © IMAGO / Ulmer/Teamfoto

Klappe vorn:

Robert Prevost als Einjähriger, um 1956, unbekannter Fotograf
© mauritius images / ARCHIVIO GBB / Alamy / Alamy Stock Photos

Foto aus dem Jahrbuch der St. Mary of the Assumption Parish School, Riverdale, Illinois (Chicago South Side) 1969, unbekannter Fotograf
© mauritius images / ARCHIVIO GBB / Alamy / Alamy Stock Photos

Klappe hinten:

Robert Prevost als Bischof in Chiclayo, Peru, in seiner Diözese im Oktober 2015.
© picture alliance / ZUMAPRESS.com | El Comercio

Papst Franziskus empfängt Bischof Prevost am 15. Mai 2017 zur Audienz im Vatikan.
© mauritius images / AGENZIA SINTESI / Alamy / Alamy Stock Photos

FSC
www.fsc.org
MIX
Papier | Fördert gute Waldnutzung
FSC® C083411

Bei Fragen zur Produktsicherheit wenden Sie sich an
produktsicherheit@herder.de

Satz: Daniel Förster, Belgern
Herstellung: CPI books GmbH, Leck
Printed in Germany

ISBN (Print) 978-3-451-39675-5
ISBN E-Book (PDF) 978-3-451-84028-9
ISBN E-Book (EPUB) 978-3-451-84027-2

Inhalt

Ein Wort zuvor

Rom, 5. bis 15. Mai 2025: Am Morgen des 5. Mai sollte ich von München nach Dublin (Irland) fliegen, um an einem Seminar der Notre Dame University Chicago in der Kylemore Abbey (County Galway) teilzunehmen. Clemens Sedmak, Professor für Sozialethik an der Keough School of Global Affairs der University of Notre Dame in Chicago, Illinois, versammelte dort zwölf Referentinnen und Referenten aus acht Nationen, ein exklusiver Kreis, der sich vier Tage lang über »Wisdom and disruption« austauschen sollte. Er selbst hatte wenige Wochen vorher sein Buch *Wenn das Unvorstellbare geschieht*, Untertitel: *Durchbrochenes Denken und theologische Vorstellungskraft* (Freiburg 2025) veröffentlicht, in dem er den Suizid seines Sohnes Jonathan reflektiert – ein Buch, das mich packte. Ich sollte über meine Lebenszäsur sprechen, die ich in *Durchkreuzt – Mein Leben mit der Diagnose Krebs* (Innsbruck 2019) beschrieben habe. Vom 9. bis 18. Mai sollte ich dann in der Türkei sein, erstmals in meinem Leben: theologische Reisebegleitung einer Gruppe, die, in Istanbul startend, die Westtürkei erkundete, um Konzilsorte kennenzulernen, endend mit Nizäa/Nikaia, heute İznik, wo vor 1700 Jahren, im Mai/Juni 325 n. Chr., das von Kaiser Konstantin einberufene erste ökumenische Konzil stattgefunden hat. Für mich wäre die Reise der Schlusspunkt zu meinem im März aus Anlass des Konzilsjubiläums erschienenen Essay *Jesus glauben – Wie alte Formeln wieder lebendig werden* (Ostfildern 2025) gewesen. Am 20. Mai ziehe ich nach 25 Jahren in München nach Wien um.

Es kam anders als vorgesehen. Der Bischof von Rom starb am Ostermontag. Am 5. Mai flog ich am Morgen nach Rom statt nach Dublin, drei Tage nach dem Requiem für Papst Franziskus. Gemeinsam mit Antje Pieper und Jürgen Erbacher kommentierte ich für das *Zweite Deutsche Fernsehen* (*ZDF*) den Einzug der Kardinäle ins Konklave am 7. Mai. Sogar die *TikTok*-Community hatte es entdeckt, Rom war aufgewühlt, es wimmelte – von Menschen, von Pilgern, von Gerüchten und Spekulationen. Als ich am 15. Mai zurückflog, war aus dem US-amerikanischen Kardinal Robert Francis Prevost seit acht Tagen Leo XIV. geworden. Eine handfeste Überraschung!

Sein Name hatte im Papstwahl-Karussell kursiert, er zählte aber nicht zu den Topfavoriten des Konklaves. Eine Freundin, die Theologin Barbara Krenn, Leiterin der Hauptabteilung »Religion und Ethik« im Österreichischen Fernsehen (*ORF*) in Wien, hatte auf Prevost gehofft, allerdings mit dem Papstnamen Paul VII. gerechnet. Kardinal Christoph Schönborn, der mit 80 nicht mehr zu den Papstwählern zählte, hatte am Vorkonklave teilgenommen, reiste dann aber nach Wien zurück und sagte in Interviews: »Ich habe eine große Freude, ich habe im Herzen auf ihn getippt.« Der neue Papst sei »eine richtige Wahl«.

Zwei Mal bekam ich feuchte Augen: als ich einen Tag vor Beginn des Konklaves frühmorgens am Grab von Franziskus in Santa Maria Maggiore stand und für eine gute Wahl betete und als ich im Garten der Jesuitenkommunität S. Pietro Canisio, 500 Meter Luftlinie vom Petersdom entfernt, auf die Loggia starrte, wo sich am 8. Mai der Vorhang hob. Miro, ein polnischer Mitbruder, wusste als Erster, wer sie betreten sollte, obwohl das Handynetz zusammengebrochen war: »Prevost, Leo XIV.«

Am Grab von Franziskus konnte ich mich von jemandem verabschieden, dessen Pontifikat ich von Anfang an eng mitverfolgt und über den ich zwei Bücher geschrieben hatte. Das erste zum fünften Jahrestag seiner Wahl (*Der evangelische Papst – Hält Franziskus, was er verspricht?* München 2018); das zweite zusammen mit dem Wiener Pastoraltheologen Paul Michael Zulehner ein Jahr später: *Der Reformer*, Untertitel: *Von Papst Franziskus lernen – ein Appell* (Würzburg 2019). Mit einem so plötzlichen Tod, weniger als einen Tag später, nachdem er das letzte Mal mit gebrochener Stimme und sichtbar schwach den Segen »Urbi et orbi« gespendet und sich ein letztes Mal über den Petersplatz hatte fahren lassen, hatte ich nicht gerechnet. Im Herbst frühestens, nach einer Sabbatzeit, wollte ich an meinem Manuskript weiterarbeiten, das jetzt plötzlich mit Siebenmeilenstiefeln weitergeschrieben und abgeschlossen werden musste. Anders als vorgesehen.

Dieses Buch kann keine umfassende Biografie bieten. Zu wenig Material steht bisher zur Verfügung. Es erscheint zu Beginn eines neuen, noch ganz taufrischen Pontifikats mit einer biografischen Skizze. Seit dem Abend des 8. Mai 2025 hat die Kirche wieder einen Nachfolger Petri, den 267. Papst. Der Apostolische Stuhl ist nicht mehr verwaist. Seine ersten Worte, seine ersten Ansprachen und Entscheidungen waren vielversprechend. Und auch sein Name steht wie der von Franziskus im Jahr 2013 für ein Programm: Leo XIV.

Rom – München – Wien, 16. Mai 2025

Andreas R. Batlogg SJ

Der Löwenpapst

Leo XIV. also, nicht Johannes XXIV., wie manche es sich wünschten! Ausgeschlossen war natürlich gar nichts – und Buchmacher sind keine Hellseher, auch nicht die in London. Sie können ordentlich danebenliegen mit ihren Prognosen: Wer wird der neue Papst? Und wie nennt er sich? Wenn jedoch etwas so einigermaßen klar war vor dem Konklave, das am 7. Mai 2025 begann, dann dies: Der neu gewählte Bischof von Rom würde sich schwerlich Franziskus II. nennen können. Alle Welt hätte sofort gemunkelt: Er imitiert den am 21. April verstorbenen Papst.

Der vierzehnte Löwe in der Reihe

Man erinnert sich, am Abend des 13. März 2013 auf der Benediktionsloggia des Petersdoms: »Fratelli e sorelle: buona sera!« Das waren die ersten Worte des neuen Papstes »vom anderen Ende der Welt« gewesen. Ganz einfach. Ganz banal. Ganz normal. Ein Argentinier (mit italienischem Migrationshintergrund), ein Ordensmann und Jesuit, der – erstmals in der Papstgeschichte – den Namen des Poverello aus Assisi annahm. Die logischen Fragen, die jetzt, zwölf Jahre später, aufkamen: Würde der neue Papst ebenfalls auf die roten Schuhe verzichten, die Franziskus ablehnte? Ebenso wie auf die rote Samt-Mozetta? Würde er wieder in die seit 2013 verwaiste Papstwohnung im Apostolischen Palast ziehen oder wie Franziskus im Gästehaus Santa Marta, wo die Kardinäle während des Konklaves wohnten, ein Appartement belegen? Und überhaupt: Ist der Neue nahbar, spontan, direkt – oder scheu und reserviert?

»La pace sia con tutti voi« (Der Friede sei mit euch allen) – das waren diesmal die ersten Worte des neu gewählten Papstes. Auch er ein Ordensmann, aber Augustiner, erstmals in der Geschichte ein Nordamerikaner – aber einer, der auch die peruanische Staatsbürgerschaft besitzt. Leo – Löwe. Der letzte Papst dieses Namens, Leo XIII., der von 1878 bis 1903 (25 Jahre und fünf Monate lang) regierte, starb als nachweislich ältester Papst mit 93 Jahren und hatte damit den drittlängsten Pontifikat der Geschichte nach Pius IX., der 31 Jahre, sieben Monate und 25 Tage amtierte. Der erste Namensträger in dieser Reihe lebte im 5. Jahrhundert und erhielt später den Beinamen »der Große«.

Kein Italiener, sondern ein Amerikaner – und Peruaner

Viele hatten sich wieder einen Italiener gewünscht – erstmals wieder seit Oktober 1978, als mit dem Krakauer Erzbischof Karol Wojtyła der erste Nichtitaliener seit 455 Jahren und der erste Slawe den Stuhl Petri bestieg. Kardinalstaatssekretär Pietro Parolin etwa. Als dienstältester Kardinalbischof hatte er das Konklave geleitetet, weil sowohl der Kardinaldekan (Giovanni Battista Re) als auch dessen Stellvertreter (Leonardo Sandri) wegen ihres Alters (91 und 81) nicht mehr an der Papstwahl teilnehmen durften. Parolin gilt als »Mann der leisen Töne«. Nach dem »Turbo-Papst« und »Wirbelwind Franziskus« hätte der Diplomat, so die allgemeine Erwartung, das Amt ruhiger ausgeübt und sich »nicht auf jedes Mikrofon gestürzt« (Jürgen Erbacher).

Am 2. Mai, wenige Tage vor Beginn des Konklaves, gab es Fake-News-Alarm: Vatikansprecher Matteo Bruni musste dementieren, dass es beim Vorkonklave zu einem medizinischen Zwischenfall gekommen sei. Online-Medien hatten behauptet, Parolin sei wegen KreislaufProblemen in Ohnmacht gefallen und von einem Ärzteteam eine Stunde lang behandelt worden: »Es ist nichts passiert, das ist nicht wahr.« Sollte man dahinter ein Manöver von Gegnern des ehemaligen Kardinalstaatssekretärs sehen – eine Verhinderungstaktik, wie es sie auch bei früheren Gelegenheiten, übrigens auch beim letzten Konklave, gegeben hatte?

»Se non è vero, è (molto) ben trovato: se non è così, è molto ben iscusato l'uno per l'altro« (Wenn es nicht wahr ist, ist es sehr gut erfunden: wenn es nicht so ist, ist es sehr gut für jeden anderen gefunden): Zugeschrieben wird diese Redewendung dem italienischen Priestermönch, Philosophen und Astronomen Giordano Bruno, der im Jahr 1600 von der Inquisition der Ketzerei und Magie bezichtigt und zum Tod verurteilt wurde. Sein Leben endete auf dem Scheiterhaufen auf dem Campo de' Fiori unweit der Piazza Navona. Dass solche Manöver offenbar Realität und nicht filmische Fiktion sind wie in dem berühmten US-Filmdrama *In den Schuhen des Fischers* (1968) mit Anthony Quinn und Oskar Werner in zwei Hauptrollen, würde man nicht glauben, könnte man es nicht schwarz auf weiß nachlesen.

Auch Parolin blieben Intrigen nicht erspart. Während der Sedisvakanz, als sich Medien mit Kandidatenporträts überschlugen, wurde eine Äußerung von Kardinal Philippe Barbarin, dem früheren Primas von Gallien, bekannt, der in der französischen Illustrierten *Paris Match* Parolin Führungsqualitäten absprach, was – das Internet macht es möglich – bald darauf auch auf Deutsch die Runde machte: »Um ehrlich zu sein, finde ich, dass Kardinal Parolin zwar kompetent ist, aber nicht das Format hat, das man idealerweise von einem Staatssekretär und erst recht von einem Papst erwarten würde.«[1] Als Kardinalstaatssekretär seien bei Parolin »die Ergebnisse hinter den Erwartungen zurückgeblieben«. Auch sei er als oberster Behördenleiter mindestens mitverantwortlich für die Millionenpleite von London, über die Kardinal Becciu gestolpert ist. Barbarin war seit 2002 Erzbischof von Lyon, ein Jahr später Kardinal und nahm 2005 und 2013 am Konklave teil, es war jetzt also sein drittes. 2019 wurde er von einem französischen Gericht wegen Missbrauchsvertuschung in erster Instanz verurteilt, reichte daraufhin beim Papst seinen Rücktritt ein, der diesen aber wegen der Unschuldsvermutung nicht annahm. Im Januar 2020 freigesprochen, nahm Franziskus im März 2020 – Barbarin war erst 70 – seinen Rücktritt an. Werden jetzt so – die Frage drängte sich auf – alte Rechnungen beglichen? Warum dieses Schauspiel »Kardinal gegen Kardinal – in der Öffentlichkeit« (Benjamin Leven)?

Leitmotiv Barmherzigkeit

In seiner Predigt bei der zweiten von neun für einen verstorbenen Papst vorgesehenen Totenmessen, den sogenannten »Novendiales«, sagte Parolin am Sonntag nach Ostern – es war der von Johannes Paul II. im Jahr 2000 eingeführte Sonntag der Barmherzigkeit – unter anderem:

> »Die Verkündigung der Frohen Botschaft, die Evangelisierung, war das Leitmotiv seines Pontifikats. Er hat uns daran erinnert, dass ›Barmherzigkeit‹ der Name Gottes ist und dass daher niemand seiner barmherzigen Liebe, mit der er uns aufrichten und zu neuen Menschen machen will, Grenzen setzen kann.
>
> Es ist wichtig, dass wir diese von Papst Franziskus so eindringlich hervorgehobene Botschaft wie einen kostbaren Schatz bewahren. Und – wenn ich das sagen darf –

unsere Zuneigung zu ihm, die sich in diesen Stunden so deutlich zeigt, darf nicht nur eine momentane Emotion bleiben. Wir müssen sein Vermächtnis annehmen und es mit Leben füllen, indem wir uns der Barmherzigkeit Gottes öffnen und auch selbst barmherzig miteinander umgehen.

Die Barmherzigkeit führt uns zurück zum Kern des Glaubens. Sie erinnert uns daran, dass wir unsere Beziehung zu Gott und unser kirchliches Leben nicht nach menschlichen oder weltlichen Maßstäben betrachten dürfen, denn die Frohe Botschaft des Evangeliums ist in erster Linie die Entdeckung, von einem Gott geliebt zu sein, der Mitgefühl und Zärtlichkeit für jeden von uns empfindet, unabhängig von unseren Verdiensten. Sie erinnert uns außerdem daran, dass unser Leben von Barmherzigkeit durchdrungen ist: Wir können nur dann nach unseren Niederlagen wieder aufstehen und in die Zukunft blicken, wenn wir jemanden haben, der uns bedingungslos liebt und uns vergibt. Deshalb sind wir aufgerufen, unsere Beziehungen nicht mehr nach berechnenden Kriterien oder blind vor Egoismus zu leben, sondern uns dem Dialog mit den anderen zu öffnen, diejenigen anzunehmen, denen wir auf unserem Weg begegnen, und ihnen ihre Schwächen und Fehler zu vergeben. Nur Barmherzigkeit heilt und schafft eine neue Welt, indem sie das Feuer des Misstrauens, des Hasses und der Gewalt löscht: Das ist die großartige Lehre von Papst Franziskus.«[2]

Diese Worte waren nicht nur ein warmherziger Nachruf auf seinen ehemaligen Chef und eine Erinnerung an dessen Schwerpunkte. Sie waren auch wie die anderen Predigten – zuvor die von Kardinal Re beim Requiem auf dem Petersplatz am 26. April vor 250.000 Gästen, darunter Staats- und Regierungschefs aus über 100 Ländern, danach die der Kardinäle Pietro Parolin, Baldassare Reina, Mauro Gambetti, Leonardo Sandri, Víctor Manuel Fernández, Claudio Gugerotti, Ángel Fernández Artime und Dominique Mamberti, der als Kardinalprotodiakon den neuen Papst ankündigen würde – ins kommende Konklave hineingesprochen. Jeder der bei diesen Gottesdiensten anwesenden über 220 Kardinäle wusste: Unter uns könnte bereits der nächste Papst sein. Viele dachten (jedenfalls für einige Zeit, bis Gerüchte gestreut wurden): Parolin wird es. Aber die Wahl fiel auf einen anderen Kurienkardinal.

»Johannes XXIV. wird hinfahren« – oder ein anderer ...

Blenden wir zweieinhalb Jahre zurück: Es war auf dem Rückflug von seiner 43. Auslandsreise, die ihn im September 2023 in die Mongolei geführt hatte – ein für Papst Franziskus typischer Gang an die »Peripherie«, die er mit seinen Reden und Reisen ins Licht der Öffentlichkeit rückte. Garantierte Aufmerksamkeit für die Ränder, die ihm so wichtig waren. Etwas mehr als ein Jahr zuvor hatte er den damals erst 48-jährigen Italiener Giorgio Marengo, der als Missionar in der Mongolei wirkte, bevor er 2020 Apostolischer Präfekt von Ulaanbaatar und Titularbischof wurde, überraschend ins Kardinalskollegium aufgenommen – als weltweit jüngsten und ersten in den 1970er-Jahren geborenen Kardinal. Mittlerweile wurde er als »Baby-Kardinal« von dem gebürtigen Ukrainer Mykola Byczok abgelöst, der im Dezember 2024 mit 44 Jahren ins Kardinalskollegium aufgenommen wurde und in Australien für die ukrainischen Gläubigen zuständig ist. Von einem Journalisten der Jesuitenzeitschrift *America Magazine* nach den Beziehungen zwischen dem Heiligen Stuhl und Vietnam befragt und wann er dorthin reise, antwortete Franziskus: »Wenn ich nicht hinfahre, wird sicher Johannes XXIV. hinfahren.« Wer es hörte, spitzte die Ohren: »Johannes XXIV.« Nannte Franziskus damit etwa den Namen seines Nachfolgers?

Die Anspielung ließ aufhorchen. Einmal, weil er damit einen Hinweis gab auf den Papst, der sich zuletzt Johannes genannt hatte: Johannes XXIII. (1958–1963). Dann, weil Päpste ihre Nachfolger zwar nicht selbst bestimmen, aber mit der Ernennung von Kardinälen ihr Erbe sichern und mindestens indirekt Hinweise geben, in welche Richtung es weitergehen könnte. War diese Anspielung nur eine flüchtige Laune oder sanfte Ironie? Die Auguren hatten jedenfalls für ihre Spekulationen wieder einen Knochen, auf den sie sich stürzen konnten. Wenige Monate trennten Franziskus damals von seinem 87. Geburtstag. Er ergänzte bei derselben Gelegenheit zu weiteren Reiseplänen (damals stand noch ein zweitägiger Besuch zum Abschluss des achttägigen Mittelmeertreffens »Rencontres méditerranéennes« in Marseille aus), es sei für ihn »jetzt nicht mehr so einfach, eine Reise zu machen, wie es zu Beginn war, es gibt Einschränkungen beim Gehen und dies wirkt sich aus«.

Ein neuer Papst kann aus einem Pool von 83 Namen wählen, die seine Vorgänger getragen haben, außer es ist ein völlig neuer Name wie 2013, als Jorge Mario Bergoglio sich für Franziskus entschied. Die drei Spitzenreiter sind Johannes, Gregor und Benedikt. Und nun also, erstmals wieder seit 1878, Leo, der vierzehnte dieses Namens. Vielleicht wird ja er als Papst nach Vietnam reisen, an Einladungen sollte es in der nächsten Zeit jedenfalls nicht mangeln.

Ein Ordensmann, ein Seelsorger und Missionar – weltweit vernetzt

Robert Francis Prevost stand Franziskus vielleicht nicht so nahe wie Parolin. Aber jener hatte den Bischof einer Diözese im Nordwesten Perus an die Kurie geholt, zum Präfekten des Dikasteriums für die Bischöfe und zum Kardinal gemacht. Vor nicht einmal zwei Jahren. Und er bringt, ähnlich wie Jorge Mario Bergoglio, viel Leitungserfahrung ein: Der promovierte Kirchenrechtler war Seelsorger und Missionar, Ausbildungsleiter, Professor, Provinzial der Augustiner in Peru und Generalprior seines Ordens (OSA) in Rom, Seelsorger und Missionar, Apostolischer Administrator und Diözesanbischof, bis er schließlich von Franziskus nach Rom geholt wurde, um 2023 den kanadischen Kurienkardinal Marc Ouellet als Präfekt abzulösen – eine Schlüsselstelle, ist der Präfekt des Dikasteriums für die Bischöfe doch eine Art Personalchef des Vatikans. Drei Monate später, im April 2023, wurde er auch zum Präsidenten der Päpstlichen Kommission für Lateinamerika ernannt.

Als Ordenschrist international vernetzt, als Präfekt in den beiden letzten Jahren mit Bischöfen aus aller Welt in Kontakt stehend, dies nicht nur bei deren verpflichtenden Ad-limina-Besuchen im Vatikan, war er Mitglied in sieben weiteren Dikasterien und auch in der Päpstlichen Kommission für den Staat der Vatikanstadt. Er kennt die Kurie also von innen. Gleichzeitig verlor er dabei nicht die Bodenhaftung. Sein Lebensstil in Rom war bescheiden, er erledigte Hausarbeiten selbst. Und er blieb im Herzen Seelsorger und Missionar. In seiner ersten Rede erinnerte er an seine spirituelle und theologische Sozialisation: »Ich bin ein Sohn des heiligen Augustinus, ein Augustinianer, der sagte: ›Mit dir bin ich ein Christ und für dich ein Bischof.‹

In diesem Sinne können wir alle gemeinsam auf das Heimatland zugehen, das Gott für uns vorbereitet hat.«

Zunächst grüßte er die Kirche von Rom, unterbrochen von Applaus: »Wir müssen gemeinsam danach suchen, wie wir eine missionarische Kirche sein können, eine Kirche, die Brücken baut, die den Dialog sucht, die immer offen ist, um – wie dieser Platz – alle mit offenen Armen zu empfangen. Alle, die unsere Nächstenliebe, unsere Gegenwart, unseren Dialog und unsere Liebe brauchen.«

Bevor er in nahezu akzentfreiem Italienisch weitersprach, richtete er sich auf Spanisch an seine ehemalige Diözese: »Y si me permiten también, una palabra, un saludo a todos aquellos y en modo particular a mi querida diócesis de Chiclayo, en el Perú, donde un pueblo fiel ha acompañado a su obispo, ha compartido su fe y ha dado tanto, tanto para seguir siendo Iglesia fiel de Jesucristo.« (Und wenn Sie mir ein Wort erlauben, einen Gruß an alle und besonders an meine liebe Diözese Chiclayo, Peru, wo ein treues Volk seinen Bischof begleitet, seinen Glauben geteilt und so viel gegeben hat, so viel, um weiterhin Kirche zu sein, treu zu Jesus Christus.) Er wiederholte diese Grußadresse auf Italienisch, um dann im Telegrammstil auf die Agenda seines zukünftigen Wirkens zu sprechen zu kommen, die ein Programmwort von Papst Franziskus enthielt: »Ihr alle, Brüder und Schwestern von Rom, von Italien – wollen wir eine synodale Kirche sein, eine Kirche, die geht, eine Kirche, die immer den Frieden sucht, die immer die Nächstenliebe sucht, die immer die Nähe vor allem zu denen sucht, die leiden.«[3] Synodalität – Frieden – Nächstenliebe – Nähe zu den Menschen: Was für eine Ansage!

Der Kosmopolit aus Chicago ist, wie der Jesuit Martin Maier, Hauptgeschäftsführer des Lateinamerika-Hilfswerks Adveniat (Essen), noch am Abend der Wahl sagte, »ein echter Brückenbauer, also ein Pontifex, zwischen den beiden Amerikas und dem

Globen Norden und dem Globalen Süden«: »Mit Leo XIV. wird dem US-Präsidenten ein Amerikaner gegenübergestellt, der das Gegenteil von Donald Trump repräsentiert: Er baut Brücken und keine Mauern.«[4] Der neue Papst wird Spannungen in der Kirche ansprechen, er ist einer, der versöhnen kann, einer, der die Themen von Franziskus aufnimmt, weiterführt und verstetigt. Aber anders. Er wird seinen eigenen Stil finden: ein sanfter Löwe – der aber gewiss auch brüllen, seine Stimme erheben und seine moralische Autorität nutzen wird. Gelegen oder ungelegen.

Favoriten – und die große Überraschung

Als Topfavoriten galten diesmal (in dieser Reihenfolge): der Italiener Pietro Parolin (70), der frühere Erzbischof von Manila, Kurienkardinal Luis Antonio Tagle (67), der aus Ghana stammende Kurienkardinal Peter Turkson (76) sowie der Erzbischof von Bologna und Vorsitzende der italienischen Bischofskonferenz Matteo Zuppi (69). Gehandelt worden waren auch der Italiener Pierbattista Pizzaballa (60), der Lateinische Patriarch von Jerusalem, der Ungar Péter Erdő (72), der Franzose Jean-Marc Aveline (66), der portugiesische Kurienkardinal José Tolentino de Mendonça (59) oder der Kapuziner Fridolin Ambongo Besungu (65), Erzbischof von Kinshasa in der Demokratischen Republik Kongo, der dem Kardinalsrat von Franziskus angehörte. An die 25 »papabili« – Kardinäle, denen Chancen eingeräumt werden – kursierten in der Presse. Auch der Name Robert Prevost tauchte da und dort auf, obwohl er zu den 108 Erstwählern gehörte.

»Kandidaten« aus aller Welt – und ihre Vergangenheit

Vorab hatte es an etlichen Papstwählern auch Kritik gegeben. Das 1989 in den USA gegründete weltweite Netzwerk Snap (»Survivors Network of those abused by Priests«) hielt sechs Kardinälen unsachgemäßen Umgang mit Missbrauchsfällen während ihrer Amtszeiten als Diözesanbischöfe vor: Péter Erdő, Kevin Farrell, Víctor Fernández, Mario Grech, Robert Prevost und Luis Tagle. Auch das US-amerikanische Netzwerk »Bishop Accountability« warf Parolin und Tagle vor, wiederholt falsch reagiert zu haben: Parolin vor allem beim Umgang mit dem Anfang April 2025 verstorbenen Kardinal Theodore E. McCarrick, dem ehemaligen Erzbischof von Washington, der wiederholt Gespräche in Kuba und Peking über Religionsfreiheit geführt hatte. Papst Franziskus hatte ihm zuerst alle Rechte eines Kardinals entzogen, dann 2019 aus dem Klerikerstand entlassen.

Für alle, bis auf einen der papstwahlberechtigen Kardinäle, galt das bekannte Sprichwort: Wer als Papst ins Konklave hineingeht, kommt als einfacher Kardinal heraus. 135 der insgesamt 252 Kardinäle waren wahlberechtigt, weil sie unter 80 Jahre alt waren, zwei fielen aus, weil sie aus Gesundheitsgründen nicht anreisen konnten. Ihre Namen teilte Vatikansprecher Matteo Bruni zuerst »aus Rücksicht auf ihre Persönlichkeitsrechte« nicht mit. Später wurde bekannt gegeben, dass die beiden emeritierten Erzbischöfe von Nairobi und Valencia, John Njue und Antonio Cañizares Llovera, beide 79, ihre Teilnahme abgesagt hätten. Blieben 133 – ohnehin eine Rekordzahl.

Bei den Beratungen der Kardinäle im Vorfeld des Konklaves war nach längerem Hin und Her auch geklärt worden, dass der von Franziskus abgesetzte 76-jährige Kurienkardinal Giovanni Angelo Becciu, dessen rechtlicher Status seit Jahren unklar war, nicht an der Papstwahl teilnimmt und deswegen nicht auf der Liste der 135 Wahlberechtigten erscheint. Nachdem er zuerst darauf beharrt hatte, zum Kreis der legitimen Papstwähler zu gehören, machte er später einen Rückzieher. In seinem Statement hieß es: »Da mir das Wohl der Kirche am Herzen liegt, der ich mit Treue und Liebe gedient habe und weiterhin dienen werde, sowie um zur Gemeinschaft und Gelassenheit des Konklaves beizutragen, habe ich beschlossen, wie ich es immer getan habe, dem Willen von Papst Franziskus zu entsprechen und nicht am Konklave teilzunehmen, auch wenn ich weiterhin von meiner Unschuld überzeugt bin.«[5] Der sardische Kardinal war von einem vatikanischen Gericht wegen der Verwicklung in eine überaus verlustreiche Immobilieninvestition in London zu fünf Jahren Haft verurteilt worden, woraufhin ihm der Papst alle Rechte entzog. In der vatikanischen Statistik trat er seither, obwohl noch nicht 80 Jahre alt, als nicht mehr konklaveberechtigt auf. In ihrer 7. Generalversammlung vor dem Konklave bedankten sich die versammelten Kardinäle dafür und gaben ihrer Hoffnung Ausdruck, »dass die zuständigen Justizorgane den Sachverhalt endgültig aufklären können« – eine Aufgabe für den neuen Papst, die an einen Deal denken lässt, zumal Becciu einmal als Nummer drei in der Vatikanhierarchie galt.

Nachrufe als Projektionsfläche oder: Ein Papst ist kein Superman

Wer von den Kardinälen, fragten manche Beobachter, hat »keine Leichen im Keller« – ist absolut integer, unbescholten, frei von jedem Vorwurf und völlig »unbelastet«? Dazu noch theologisch sattelfest, ein spiritueller Mann, rhetorisch begabt, polyglott – und teamfähig? Wer vereint in sich all das? Gibt es so einen überhaupt?

Als ich für eine Zeitschrift Nachrufe auf Papst Franziskus sichtete und in einem Artikel zusammenfasste,[6] fiel mir auf, dass mit Superlativen in der einen wie in der anderen Richtung – Franziskus wurde viel Gutes, aber auch Unverschämtes nachgerühmt, ungeachtet des Sprichworts »De mortuis nihil nisi bene« – bereits eine riesige Projektionsfläche für seinen Nachfolger aufgebaut wurde, bewusst oder unbewusst. Kein Papst kann alles – noch besser und möglichst noch origineller als sein Vorgänger. Kurz vor dem ersten Jahrestag seiner Wahl sagte er dem Journalisten Ferruccio Bortoli: »Wenn ich mich nicht irre, war es Sigmund Freud, der gesagt hat, dass jede Idealisierung eine Aggression in sich birgt. Den Papst als eine Art Superman, eine Art Star darzustellen, kommt mir wie eine Beleidigung vor. Der Papst ist ein Mensch, der lacht, weint, ruhig schläft und Freunde hat wie alle. Ein normaler Mensch.«[7]

Wie viel Normalität und Natürlichkeit kann sich ein Papst, darf sich ein Papst, der Stellvertreter Christi auf Erden, leisten? Wer umgibt ihn mit einer Aura der Unnahbarkeit und »Unfehlbarkeit« – als ob jedes Wort, das er sagt, nicht hinterfragbar wäre, jede Geste, die er setzt, eindeutig, jeder Vergleich, den er anstellt, »lupenrein«? Wie hörte ich doch einmal bei einer Primizpredigt: Ein Priester ist keine »eierlegende Wollmilchsau« (Albert Keller) – eine Chimäre, die es in der Wirklichkeit nicht gibt und nicht geben kann. Dass am 13. März 2013 ein ganz »normaler Mensch« ins höchste Amt kam, das die Kirche zu vergeben hat, kränkte vor allem diejenigen, die im Papst einen »über allem Weltlichen« stehenden, von einer Aura der Unnahbarkeit umgebenen Superman sehen wollen – der zwangsläufig nur enttäuschen kann (und muss) wie seinerzeit Barack Obama. Nicht ohne Grund wurde Papst Franziskus nach einigen Jahren auch abschätzig ein »Obama in Soutane« genannt. Nach fünf Jahren Bergoglio-Pontifikat wies ich schon einmal darauf hin: »Der Papst als Projektionsfläche – das macht auch einsam. Das Amt lastet auf ihm.« Und ich fragte: »Was spricht eigentlich gegen die Entmythologisierung eines Amtes, das seinen Inhaber fast zu einer Art Gottmensch gemacht hat?«[8]

Jorge Mario Bergoglio – Papst Franziskus hat stets deutlich gemacht, dass er sich nicht verbiegen lassen will und dass er sein bisheriges Leben oder seine Ordenssozialisation – er stand im 77. Lebensjahr und war seit 55 Jahren Jesuit – nicht einfach abstreifen, alle bisherigen Gewohnheiten ablegen und sich quasi neu erfinden kann. Deswegen wechselte er auch nicht in den Apostolischen Palast und verleugnete auch nie seine Zugehörigkeit zum Jesuitenorden, der seine spirituelle und theologische Heimat blieb.

Kardinal Re erinnerte in einer Predigt beim Requiem daran, dass ein temperamentvoller Papst sein Leben beendet habe:

> »Er bewahrte sein Temperament und seine Art der pastoralen Amtsführung und prägte mit seiner starken Persönlichkeit schnell den Leitungsstil der Kirche, indem er einen direkten Kontakt mit den einzelnen Menschen und Völkern herstellte und bestrebt war, allen nahe zu sein, wobei er besonders den Menschen in Not seine Aufmerksamkeit widmete und sich unermüdlich vor allem für die Geringsten und Ausgegrenzten einsetzte. Er war ein Papst, der mitten unter den Menschen war und für alle ein offenes Herz hatte. Darüber hinaus war er ein Papst, der achtsam war für das Neue, das in der Gesellschaft aufkam, und für das, was der Heilige Geist in der Kirche weckte.
>
> Mit dem für ihn charakteristischen Vokabular und seiner an Bildern und Metaphern reichen Sprache hat er stets versucht, die Probleme unserer Zeit mit der Weisheit des Evangeliums zu beleuchten, eine Antwort im Lichte des Glaubens zu geben und dazu zu ermutigen, die Herausforderungen und Widersprüche in diesen Jahren des Wandels, die er gern als ›Epochenwechsel‹ bezeichnete, als Christen zu leben.«[9]

Man erinnere sich an die Worte von Franziskus in einem langen Interview, in dem (am 12. März 2015) auf zwei Jahre Pontifikat zurückgeschaut wurde: »Ich werde es weiterhin so halten. Und ich werde sprechen, wie ich es gewohnt bin, wie ein Pfarrer, weil mir das liegt. Ich habe immer so gesprochen, zu allen Zeiten. Ich weiß nicht, ob das ein Makel ist, aber ich glaube, die Leute verstehen mich.«[10] Was wäre die Alternative?

Wer will? Wer kann? Wer kann's? Oder: 133 Optionen aus fünf Kontinenten

133 Kardinäle also zogen ins Konklave ein – weit über dem von Johannes Paul II. in der Konklaveordnung von 1996 bestätigten Quorum von 120: eine historische Höchstzahl. Franziskus hatte die Obergrenze (wie zuvor auch Johannes Paul II.) mit dem letzten Konsistorium vom 7. Dezember 2024 außer Kraft gesetzt. Zu diesem Stichtag gab es 141 wahlberechtigte Kardinäle, sechs Monate später, beim Konklave im Mai 2025, altersbedingt oder wegen Ablebens nur mehr 135. Bis zum 31. Dezember 2025 wären aber weitere zehn Kardinäle altersbedingt aus dem Kreis der Papstwähler ausgeschieden. 133 »Papstanwärter«, darunter 108 Neulinge, die noch nie an einem Konklave teilgenommen hatten – auch das versprach eine spannende Wahl mit unabsehbarem Ausgang. Nur mehr fünf Kardinäle stammten aus dem langen Pontifikat von Johannes Paul II. (1978–2005), 22, darunter der Erzbischof von München und Freising, Reinhard Marx, aus der Amtszeit von Benedikt XVI. (2005–2013), von denen jedoch zwei abgesagt hatten.

Auch die kontinentalen Gewichte hatten sich seit dem letzten Konklave merklich verschoben: Die Wahlmänner stammten aus 71 Ländern (2013 waren es nur 48). 52 Kardinäle stammten aus Europa (davon 17 aus Italien, 2013 waren es noch 28), 23 aus Asien, 17 aus Afrika, 17 aus Latein- und vier aus Mittelamerika, 16 aus Nordamerika und vier aus Australien und Ozeanien. Mit 39 Prozent der Wahlmänner bildeten die Europäer zwar immer noch die größte Gruppe, aber längst nicht mehr eine so große wie 2013, als sie 52 Prozent der wahlberechtigten Kardinäle stellten.

Der Schwerpunkt hat sich unübersehbar in die südliche Hemisphäre verlagert – von Franziskus so gewollt und konsequent betrieben. Dass Venedig und Mailand, Los Angeles, San Francisco und Philadelphia, um nur einige übergangene Erzbischofsstühle zu nennen, die früher oder später mit dem Purpur rechnen konnten, bisher keinen Kardinal stellen, steht auf einem anderen Blatt. Die Bandbreite der Reaktionen reichte von Verwunderung bis zu offen gezeigter Wut oder Aggression. Diesmal kam hinzu, dass manche Nationen aus Altersgründen nicht mehr vertreten waren: Österreich und Tschechien, aber auch Irland. Sean Brady, Dominik Duka und Christoph Schönborn, die emeritierten Erzbischöfe von Armagh, Prag und Wien, waren 2019 und 2023, Schönborn im Januar 2025 aus dem Kreis der Papstwähler ausgeschieden und hatten noch keine Nachfolger mit dem Purpur. Erstmals als Länder vertreten waren Luxemburg, Schweden, Haiti, Ruanda, Tonga und Myanmar. 15 Staaten waren zum ersten Mal mit einem einheimischen Kardinal vertreten. Und eine weitere Zahl: 33 Kardinäle sind Ordensleute gewesen, darunter je vier Minderbrüder bzw. Franziskaner und Jesuiten, drei Franziskaner-Minoriten, je zwei Steyler Missionare und Lazaristen …

Aus dieser Zusammensetzung ergab sich diesmal aber auch ein Problem: Viele Kardinäle mussten sich erst kennenlernen. Die meisten der 108 Konklaveneulinge waren weltkirchlich bisher nicht aufgefallen. Dadurch kam dem Vorkonklave eine besondere Bedeutung zu. Auch die Spanne der Geburtsjahrgänge war enorm und umfasste mehr als drei Jahrzehnte: 1945 bis 1980. Jünger als 60 waren 15 Kardinäle, davon einer erst 45 und sechs in den 1970er-Jahren geborene, 19 zwischen 60 und 64, 24 zwischen 65 und 69, 21 zwischen 70 und 74 Jahren. Der zahlenmäßig größte Block mit 54 Wahlmännern war zwischen 75 und 80 Jahre alt. Nicht unbedingt eine reine Altherrenversammlung möchte man sagen, aber ein exklusiver, wenn nicht der exklusivste Herrenclub der Welt, wie jemand einmal etwas salopp meinte. Altersstatistiken spielen, anders als diesmal der Kontinent oder die Sprache, durchaus eine Rolle: Ist der neu gewählte Papst zu jung, kann sein Pontifikat lang werden – das von Johannes Paul II. umfasste 26 Jahre und fünf Monate, das längste bisher 31 Jahre und acht Monate (Pius IX.). Ist der Papst bei der Wahl zu alt – Benedikt wurde drei Tage vor seinem 78. Geburtstag Papst, Franziskus stand im 77. Lebensjahr –, besteht die Gefahr, dass die Amtszeit nicht lange dauert und schon nach wenigen Jahren wieder neu gewählt werden muss – was auch finanzielle Folgen für den Vatikan hat.

Ein Übergangspapst?

Und ein Übergangspapst, gewählt in der Hoffnung, dass er das Kardinalskollegium auffüllt und verjüngt? Auch damit hat die Kirche ihre Erfahrungen gemacht – und Überraschungen erlebt! Zuletzt im Oktober 1958. Pius XII., am 2. März 1939 zum Bischof von Rom gewählt und zuvor neun Jahre lang Kardinalstaatsekretär, starb am 9. Oktober 1958 in der päpstlichen Sommerresidenz Castel Gandolfo an den Folgen eines Schlaganfalls. Acht Jahre lang (!), von 1944 bis 1952, ließ er nach dem Tod von Kardinalstaatssekretär Luigi Maglione dieses Amt unbesetzt und nahm die Agenden selbst wahr. 1952 ernannte er Domenico Tardini zum Pro-Staatssekretär für außerordentliche kirchliche Angelegenheiten und wollte ihn 1953 ins Kardinalskollegium aufnehmen, was dieser – auch das gibt es – aus Bescheidenheit ablehnte. Gleichzeitig wurde der seit 1937 im Staatssekretariat als Substitut tätige Giovanni Battista Montini zum Pro-Staatssekretär für ordentliche Angelegenheiten ernannt, um dann Ende 1954 ziemlich unsanft nach Mailand weggelobt bzw. versetzt zu werden (»promovetur ut amoveatur« – befördert, um aus dem Weg geschafft zu werden): damals die größte Diözese der Welt. Dort sammelte er als Großstadtbischof wertvolle Erfahrungen. Beim ersten Konsistorium von Papst Johannes XXIII. am 15. Dezember 1958 stand Montini auf Platz eins der Liste von 23 neuen Kardinälen – »prima creatura« genannt, für gewöhnlich ein Hinweis des Pontifex maximus, wen er für seine Nachfolge für geeignet hält. Aus Giovanni Battista Montini wurde dann am 19. Juni 1963 Paul VI.

Unter dem Pacelli-Papst gab es in 19 Amtsjahren nur zwei Konsistorien, in denen er 56 neue Kardinäle kreierte, das letzte im Januar 1953, mehr als fünf Jahre vor seinem Tod. Beim Konklave, das vom 25. bis 28. Oktober 1958 dauerte und aus dem im elften Wahlgang der Patriarch von Venedig, Kardinal Angelo Giuseppe Roncalli, als Johannes XXIII. hervorging, waren 54 Kardinäle wahlberechtigt, von denen 51 am Konklave teilnahmen. Eine Altersgrenze (1970) und die Höchstzahl von 120 Wahlmännern (1975) führte erst Paul VI. ein. 24 der 51 Kardinäle waren 1958 noch älter als der 76-jährige Roncalli.[11] Das durchschaubare Kalkül damals: Wir wählen einen der Ältesten, der neue Kardinäle ernennen und das Kollegium aufstocken soll – und bei der nächsten Papstwahl gibt es dann eine größere Auswahl. Soweit die Idee, die irgendwie auch nachvollziehbar ist: ein »Übergangspontifikat« (»pontificato di passagio«) also. Aber der Heilige Geist funkte dazwischen und hielt sich nicht an diesen »Fahrplan«. Bereits wenige Tage nach seiner Wahl besetzte der Papst den Jahrelang vakanten Posten des Kardinalstaatssekretärs mit Domenico Tardini. Beim ersten Konsistorium, zehn Tage vor Weihnachten, gab es weitere Weichenstellungen: Unter den neuen Kardinälen waren neben Montini auch Julius Döpfner (Berlin) und Franz König (Wien). Johannes XXIII. trieb die Internationalisierung des Kardinalskollegiums konsequent voran. Es sollte die Weltkirche abbilden. Damals gab es den ersten japanischen, den ersten philippinischen und den ersten afrikanischen Kardinal überhaupt – bis dahin gab es in den Missionsgebieten als Erbe der Kolonialzeit meistens nur ausländische Würdenträger.

Die von Papst Sixtus V. mit der Bulle *Postquam verus* (1586) festgelegte Höchstzahl von siebzig Kardinälen war damit seit 1958 Geschichte. Keine neunzig Tage nach seiner Wahl allerdings kündigte Johannes XXIII. am 25. Januar 1959 ein neues, ein »ökumenisches« Konzil an – von den siebzehn in der Sakristei der Basilika San Paolo fuori le mura anwesenden Kardinälen mit eisigem Schweigen quittiert. Es verschlug ihnen buchstäblich die Sprache. Denn damit hatten sie nicht gerechnet – und ein Konzil war nach dem Ersten Vatikanischen Konzil (1869/70), das wegen des Einmarsches französischer Truppen in den Kirchenstaat auf unbestimmte Zeit (»sine die«) abgebrochen worden war, nicht vorgesehen. Warum auch – wenn der Bischof von Rom, dem inzwischen Unfehlbarkeit in Glaubens- und Sittenfragen attestiert worden war und der sich überdies auf den Jurisdiktionsprimat berufen konnte, alles im Alleingang machen kann. Das Konzil – ein »›Betriebsunfall‹ des Heiligen Geistes«?

Übergangspäpste können sich als Risiko entpuppen – und sorgen, wie die Erfahrung zeigt, gegebenenfalls für ungewollte Überraschungen: »Sie bewegen in fünf Jahren mitunter mehr als andere in fünfundzwanzig.«[12] Welches Kalkül spielte im Mai 2025 eine Rolle? Einen »Wahlkampf« gibt es bekanntlich nicht. Er ist ausdrücklich verboten. Zu meinen, dass sich deswegen keine Fraktionen bildeten und Kardinäle untereinander nicht besprächen, was ansteht, welche Persönlichkeit es braucht, welche Themen weiterverfolgt (oder fallen gelassen) werden sollen, wäre naiv. Gerade diesmal war das Vorkonklave extrem wichtig, nicht nur wegen der 108 »Freshmen« im Konklave.

Ganz abgesehen davon, dass es nicht zwangsläufig einer der 133 im Konklave anwesenden Kardinäle gewesen sein müsste. Auch wenn es Jahrhunderte her ist: Jeder getaufte, unverheiratete Mann, der älter als 35 Jahre ist, kann nach dem geltenden Kirchenrecht (CIC/1983, Kanon 332, § 1) zum Papst gewählt werden, also auch von außerhalb des Konklaves. Ist er noch nicht Bischof, muss er sofort zum Bischof geweiht werden. Erst ab etwa dem Jahr 1058 begann sich die Papstwahl als exklusiv durch die Kardinäle durchzusetzen, als das erste Papstwahldekret von Papst Nikolaus II. erlassen wurde. Die vorher praktizierte »Wahl durch das Volk« war ebenso manipulationsanfällig wie die Praxis, dass römische und andere Adelsfamilien wie Barberini, Borghese, Chigi, Colonna, Farnese, Medici, Orsini, Piccolomini, della Rovere, Sforza oder Borgia untereinander ausmachten, wer zum Zug kommen soll. Damals wie heute gilt der erste Satz in Hubert Wolfs vielzitiertem Werk über das Konklave: »Die Wahl eines neuen Papstes fasziniert die Menschen, egal ob sie katholisch sind oder nicht.«[13] Leo X. (1513–1521) war der letzte Papst, der vor seiner Wahl nicht Priester war. Urban VI. (1378–1389) war zwar Erzbischof von Bari, aber noch nicht Kardinal, als er gewählt wurde.

Die Beratungen im Vorkonklave: die Generalkongregationen

Zwei Foren sind vor einem Konklave interessant, weil aufschlussreich: die Predigten bei den neun Trauergottesdiensten für den verstorbenen Papst und die Generalkongregationen, die bald nach dem Tod eines Papstes einsetzen: die Beratungen der in Rom ansässigen und nach Rom reisenden Kardinäle, Vorkonklave genannt, an denen auch die über 80-jährigen Purpurträger teilnehmen dürfen, die ihr Papstwahlrecht verloren haben, zweifellos »das eigentliche Machtzentrum während der Sedisvakanz«.[14]

Dass dabei Autoritäten wie Kardinal Re, Kardinal Gianfranco Ravasi, Kardinal Schönborn oder der (nie wahlberechtigte) Jesuitenkardinal Gianfranco Ghirlanda, emeritierter Kirchenrechtler an der Päpstlichen Universität Gregoriana, ihr Gewicht geltend machen, ihre jahrzehntelange Erfahrung einbringen würden, lag auf der Hand. Auch Kardinal Timothy Radcliffe, bis 2001 Generalmagister des Dominikanerordens, weltweit ein gefragter Redner und Autor und ein wahrer spiritueller Leuchtturm, dürfte das kleine Zeitfenster genutzt haben: Er war erst seit sechs Monaten Kardinal und verliert das Papstwahlrecht aus Altergründen bereits im August.

Schönborn predigte am 2. Ostersonntag in seiner römischen Titelkirche »Gesù Divinio Lavoratore« im Stadtviertel Portuense und sagte dabei, es sei wichtig, dass der neue Papst »ein Hirte und glaubwürdiger Christ« sein müsse, Italienisch- und Englischkenntnisse seien wichtig, aber genauso sekundär wie die kontinentale Herkunft und deswegen nicht das Entscheidende: »Wichtig ist, dass der neue Papst aufmerksam für die Nöte und Freuden der Menschen ist, dass er eine tiefe Liebe zu

Gott und den Menschen empfindet. Die Menschen spüren es, ob er leere Worte spricht oder ob er den Glauben wirklich lebt.« Schönborn kann altersbedingt nicht mehr ins Konklave einziehen, versprach aber, für eine gute Wahl zu beten: »Welche Eigenschaften«, fragte er weiter, »muss er haben? Er muss aktiv, sympathisch, ein guter Organisator und Verwalter sein. Diese Qualitäten sind wichtig, aber Jesus fragt von ihm eine einzige Eigenschaft: Wahre Liebe zu Jesus und zu den Menschen.«[15] Solche Bemerkungen zeichneten indirekt ein Anforderungsprofil für den kommenden Papst. Genauso wie die Prediger der sogenannten »Novendiales«, deren Predigten (samt Video der Gottesdienste) umgehend auf der Website des Vatikans veröffentlicht wurden. Tenor: das Erbe von Franziskus achten und ehren – und weiterführen. Kardinal Baldassare Reina etwa, Generalvikar für das Bistum Rom und Erzpriester der Lateranbasilika, sagte beim dritten Trauergottesdienst vor über 180 Kardinälen: »Dies kann nicht die Zeit sein für Balanceakte und Taktiken; es kann keine Zeit sein, die dem Instinkt folgt, einen Schritt rückwärts zu machen oder – schlimmer noch –, Rachepläne und Machtbündnisse zu schmieden. Vielmehr bedarf es einer radikalen Bereitschaft, in den Traum Gottes einzutreten, der unseren armseligen Händen anvertraut ist.«[16] Und er sprach direkt an, wie es mit den unter Franziskus auf den Weg gebrachten Reformprozessen weitergeht:

> »Ein neuer Himmel, eine neue Erde, ein neues Jerusalem. Angesichts dieser Neuigkeit dürfen wir uns nicht der geistigen und spirituellen Trägheit hingeben, die uns an Formen der Gotteserfahrung und an kirchliche Praktiken der Vergangenheit bindet, die wir endlos wiederholt sehen möchten, weil wir Angst vor den Verlusten haben, die mit den notwendigen Veränderungen verbunden sind.

> Ich denke an die vielfältigen Reformprozesse des kirchlichen Lebens, die Papst Franziskus eingeleitet hat und die über religiöse Zugehörigkeiten hinausgehen. Die Menschen haben ihn als universellen Hirten anerkannt, und so muss das Schiff Petri weit hinausfahren, Grenzen überschreiten und überraschen. Die Menschen tragen Unruhe in ihren Herzen, und ich glaube, darin eine Frage zu erkennen: Was wird aus den eingeleiteten Prozessen werden?
>
> Unsere Aufgabe sollte es sein, das, was begonnen wurde, im Lichte dessen, was unsere Mission von uns verlangt, zu unterscheiden und zu ordnen – in Richtung eines neuen Himmels und einer neuen Erde, indem wir die Braut für den Bräutigam schmücken. Wir könnten zwar versuchen, die Braut nach weltlichen Konventionen zu kleiden, geleitet von ideologischen Ansprüchen, die die Einheit der Gewänder Christi zerreißen. Einen Hirten zu suchen aber bedeutet heute vor allem, einen Führer zu suchen, der mit der Angst vor Verlusten angesichts der Anforderungen des Evangeliums umzugehen weiß.«[17]

War das nicht deutlich genug in Richtung derer gesagt, die wie der deutsche Kurienkardinal Gerhard Ludwig Müller gemeint hatten, mit dem Tod von Franziskus sei »ein Kapitel der Kirchengeschichte abgeschlossen«, sein Pontifikat sei »in einigen Momenten zweideutig« gewesen, unter Benedikt XVI. hingegen habe »vollkommene theologische Klarheit«[18] bestanden? Drei Tage nach dem Ableben brachte sich der frühere Bischof von Regensburg mit diesem Interview in der Tageszeitung *Repubblica* in Stellung. Ob Eindeutigkeit und Klarheit manchmal nicht mit Gewissheit verwechselt werden?

Papst Franziskus war während seines Pontifikates immer wieder darauf zurückgekommen, vor allem wenn es Widerstand einzelner Kardinäle gab oder Einsprüche: »Ich bin kein Erleuchteter. Ich habe kein persönliches Projekt unterm Arm, sondern ich führe aus, was wir Kardinäle vor dem Konklave auf den Generalkongregationen überlegt haben, als wir jeden Tag über die Probleme der Kirche diskutierten. Da sind Überlegungen und Empfehlungen entstanden. Eine sehr konkrete war, dass der künftige Papst ein Gremium von Beratern brauchte, die nicht im Vatikan wohnen.«[19] Das sagte er 2014 einem spanischen Journalisten im Interview.

Gesagt, getan: Wenige Wochen nach Amtsantritt gründete er einen Kardinalsrat (K9/K8), dem zehn Jahre lang auch Kardinal Reinhard Marx angehörte. Neben Marx waren nur Pietro Parolin und Giuseppe Bertello Europäer, die anderen sechs bzw. fünf Kardinäle stammten aus anderen Kontinenten.[20] Der Rat wurde schnell als Schattenkabinett empfunden und als Konkurrenz zur Kurie interpretiert – die sich düpiert fühlte und schmollte. Daraufhin holte dann Franziskus auch den neuen Kardinalstaatssekretär, Kardinal Parolin, in dieses Gremium, der zuerst nicht dabei war.

Bei den Generalkongregationen geht es seit eh und je um eine Art Kassensturz. Bereits am Tag nach dem Tod des Papstes traten die Kardinäle erstmals zusammen – um die Daten für die Überführung des Sarges in den Petersdom und den Termin des Requiems festzulegen. Außerdem wurden angesetzte Seligsprechungen ausgesetzt, nachdem bereits zuvor die für 27. April geplante Heiligsprechung des »Cyber-Apostels« Carlo Acutis verschoben worden war – ganz praktische Dinge zunächst. In der fünften Generalkongregation, eine Woche nach dem Tod von Franziskus, wurde der Beginn des Konklaves für den 7. Mai festgesetzt. Dabei wurden zum Beispiel die Kardinäle Reinhard

Marx, Antonio Tagle und Dominique Mamberti ausgelost, die den Camerlengo, Kardinalkämmerer Kevin Joseph Farrell, bei der Vorbereitung des Konklaves unterstützen sollten – Marx als Koordinator des vatikanischen Wirtschaftsrates für die gesamte kommende Zeit. Tags darauf – bei der fünften Generalkongregation waren bereits 170 Kardinäle, darunter 120 wahlberechtigte, anwesend – ging es um die wirtschaftliche und finanzielle Lage des Heiligen Stuhls, um das vatikanische Geldinstitut IOR (Kardinal Schönborn) und um aktuelle Projekte des Dikasteriums für die Nächstenliebe (Kardinal Krajewski), in einer zweiten Sitzung um Themen des kirchlichen Lebens und die Frage, wie Synodalität und Kollegialität zur Überwindung von Polarisierung in Kirche und Gesellschaft beitragen können. Evangelisierung, Liturgie und der ökumenische Dialog, der Missions- und der Friedensauftrag der Kirche waren weitere Themen – oft mit Bezugnahme auf das Apostolische Schreiben *Evangelii gaudium* (2013) und die darin angestoßenen Reformprozesse. Auch das Thema sexueller Missbrauch nahm breiten Raum ein. Matteo Bruni, der Pressesprecher des Vatikans, informierte laufend über den Stand der Vorbereitungen des Konklaves. Die Montage des berühmten Kamins oder das für den 6. Mai vorgesehene Beziehen der Zimmer im Gästehaus Santa Marta durch die Wahlmänner stießen ebenso auf Interesse wie kurze Informationen über die Themen der Generalkongregation. Durch Los wurden dann die Kardinäle Robert Prevost und Marcello Semeraro als Unterstützer des Camerlengos ermittelt, Kardinal Marx verblieb in seiner Position.

Dass dieser zum Beispiel ausführlich über die finanzielle Schieflage des Vatikans berichtet hatte – eine Tageszeitung bezifferte das Haushaltsdefizit im Jahr 2023 mit 84 Millionen –, löste angeblich einen Schock unter den Kardinälen aus und brachte den Erzbischof von München und Freising bei Buchmachern plötzlich in eine Favoritenrolle (»Deutscher plötzlich erneut im Papst-Rennen«). So wie andere Kardinäle sich, wie es hieß, »ins Aus schossen«. Die aufgeregte Rhetorik (»Kampf um Rom«) zeigte, wie sensibel die Öffentlichkeit auf Informationen oder durchgestochene Kommentare reagiert. Es wäre gewiss eine Sensation gewesen, aber mehr als unwahrscheinlich, dass innerhalb von 20 Jahren das zweite Mal ein Erzbischof aus demselben Bistum zum Papst gewählt worden wäre. Klar war: Es wurde Tacheles geredet, in allen Bereichen – womit eine Kulisse aufgebaut wurde für Fragen wie: Welche kollektive Unterstützung seitens des Apparates, der Kurie, braucht es dafür? Welche Kontrollmaßnahmen sind nötig? Und das alles, ohne auf einzelne Kardinäle zu schielen, auch wenn unausgesprochen mitschwingt: Welche Persönlichkeit kommt dafür infrage? Wer ist solchen Herausforderungen gewachsen?

Ein österlicher Tod – und eine letzte Botschaft

Sein Tod kam für die ganze Welt plötzlich, ohne Vorwarnung, ganz und gar abrupt. Wer konnte sich sein Ende schon so vorstellen? Am Ostersonntag ließ sich Franziskus von dem 81-jährigen Kardinal Angelo Comastri, dem ehemaligen Generalvikar der Vatikanstadt, Erzpriester von St. Peter und emeritierten Präsidenten der Fabbrica di San Pietro, der Dombauhütte von St. Peter, vertreten. Während des Gottesdienstes auf dem Petersplatz und erst recht danach das große Rätselraten: Kommt der Papst oder kommt er nicht? Er kam – wie vermutet und erhofft. Denn das ließ er sich nicht nehmen: den Ostersegen zu spenden. Dass es das letzte Mal sein würde, konnte keiner ahnen. Auch er selbst nicht? Mit dem Papamobil ließ er sich im Anschluss an den Segen noch eine ganze Viertelstunde über den Petersplatz fahren. Nahe bei den Menschen, berührbar sein – das war sein Markenzeichen.

Der letzte Gast: ausgerechnet der US-Vizepräsident

Als Kardinalstaatssekretär Pietro Parolin am Tag zuvor mit Franziskus den Ablauf des Ostergottesdienstes besprach und dieser dabei einschlief, soll er den Papst gefragt haben, ob es nicht besser sei, den Segen »Urbi et orbi« – der Stadt und dem Erdkreis –

an einen Kardinal zu delegieren und sich zu schonen. Daraufhin Franziskus: »Nein, das ist wichtig, es wird mein letzter Gruß sein.« Hatte er, wie es später hieß, eine Todesahnung? Niemand wusste, dass er keine Stunde zuvor, während des Gottesdienstes also, den US-amerikanischen Vizepräsidenten James David Vance getroffen hatte.

Ausgerechnet der erst 2019 zum Katholizismus konvertierte ehemalige überzeugte Atheist war der letzte Staatsgast, den Franziskus empfing wenn auch nur für wenige Minuten – ein Fototermin, auf den der als »Retrokatholik« charakterisierte ehemalige republikanische Senator und Bestsellerautor, der sich von einem der schärfsten Kritiker Trumps – er verglich diesen einmal mit Hitler – zum glühenden Verehrer mauserte, gedrängt hatte. »War das nötig?«, dachte ich mir, als ich davon erfuhr. Hätte Franziskus nicht besser seine Stimme geschont für den anstehenden Segen, den er spenden sollte? Das von der Audienz veröffentlichte Foto zeigte einen unangenehm berührten Papst. JD Vance war am Morgen des Karfreitags in Rom gelandet, abends nahm er mit seiner Frau Usha und den drei Kindern in der ersten Reihe an der Karfreitagsliturgie im Petersdom teil, die Kardinal Claudio Gugerotti, der Präfekt des Dikasteriums für die orientalischen Kirchen, zelebrierte. Vorher hatte Vance die italienische Ministerpräsidentin Giorgia Meloni, die erst wenige Tage vorher US-Präsident Donald J. Trump in Washington getroffen hatte, besucht und war am Samstag vom Kardinalstaatssekretär empfangen worden.

Brisant dabei: Franziskus hatte Anfang Januar 2025, wenige Tage vor der Vereidigung von Trump, Kardinal Robert W. McElroy, seit 2015 Bischof von San Diego, zum Erzbischof von Washington ernannt – ein bekannter Kritiker von Trumps Migrationspolitik. Ins Bewusstsein eingeschrieben hatte sich mittlerweile auch die Predigt von Mariann Edgar Budde vom

21. Januar 2025 beim Bittgottesdienst für die Nation. Die Bischöfin der Episcopal Diocese of Washington, D. C. und der Washington National Cathedral hatte Trump ordentlich ins Gewissen geredet und damit weltweit Aufsehen erlangt.[21] Trump beschimpfte die Bischöfin später. Sein Vize hatte wiederholt versucht, den politischen Kurs der Trump-Administration mit zentralen Botschaften des Christentums wie der Nächstenliebe als vereinbar darzustellen. Er nahm dabei – an Selbstbewusstsein fehlt es ihm offensichtlich nicht – auf Augustinus und Thomas von Aquin Bezug. »Googeln Sie einfach mal ›ordo amoris‹«, hatte Vance bei seiner theologischen Nachhilfestunde angeregt, um die »Rangordnung der Liebe« des Kirchenlehrers Thomas von Aquin in Erinnerung zu rufen und damit zu begründen, dass auch in der Migrationsdebatte der Slogan »America first« gelte: zuerst die Mitbürger im eigenen Land, dann erst Fremde und Einwanderer. Papst Franziskus reagierte darauf am 10. Februar mit einem veritablen Brandbrief an die amerikanischen Bischöfe, in dem er deren Einsatz für Migranten und Flüchtlinge würdigte und zugleich die bald nach der Amtsübernahme Trumps in Gang gesetzten Massenabschiebungen von illegalen Flüchtlingen kritisierte, die er als »Tragödie« bezeichnete, und auf Jesus verwies, der »das Drama der Immigration« (»the drama of immigration«) am eigenen Leib erfahren habe. Ohne ihn namentlich zu nennen, wies er darauf hin, »der wahre ›ordo amoris‹« lasse sich beim Meditieren des Gleichnisses vom barmherzigen Samariter im Lukasevangelium entdecken: »Geschwisterlichkeit, die für alle ausnahmslos offen ist.«

Vance wiederum versuchte am 28. Februar beim traditionellen National Catholic Prayer Breakfast in Washington, die rigorose Einwanderungspolitik der US-Regierung als mit den Erwartungen der katholischen Kirche kompatibel hinzustellen. Differenzen mit dem Papst räumte er zwar ein, vermied aber eine inhaltliche Auseinandersetzung – sich als »Baby-Katholik« bezeichnend.

Die franziskanische Klammer des Pontifikates: »Buona sera« – »Buona Pasqua«

»Fratelli e sorelle, buona sera«: So hatte alles begonnen, am Abend des 13. März 2013, als sich der argentinische Papst auf der Benediktionsloggia präsentierte. Ich war damals zufällig in Mailand und beobachtete das Geschehen, nachdem weißer Rauch gemeldet worden war, im Fernsehen auf BBC. Und ich war wie viele Jesuiten weltweit zunächst in einer Art Schockstarre. Ein Jesuit als Papst – das war bis dahin undenkbar und von den Konstitutionen des Ordens gerade nicht vorgesehen. Zwölf Jahre, einen Monat und sieben Tage später, ebenfalls auf der Benediktionsloggia, am 20. April 2025: »Fratelli e sorelle, buona Pasqua!« Mühsam herausgequetscht, schwer atmend.

Von seinem persönlichen Krankenpfleger Massimo Strappetti wurde Franziskus im Rollstuhl auf die Benediktionsloggia geschoben, sichtlich angeschlagen. Ich war in Wien und kommentierte für den ORF den Ostergottesdienst. Die Predigt hatte ich vor mir, unter Embargo, wusste aber nicht, wer sie verlesen würde. Auch die Osterbotschaft lag mit Sperrfrist vor, ein Dolmetscher stand für den Fall bereit, dass der Papst etwas sagen und dabei das Manuskript verlassen würde. Bis zuletzt war offen, ob er den Segen »Urbi et orbi« selbst würde spenden können. Dass Franziskus keine 24 Stunden später tot ist: Wer konnte sich das vorstellen? Ich hatte registriert, dass er sich nach der Entlassung aus der Gemelli-Klinik ins Leben zurückkämpft, schwer atmend, oft kaum verständlich sprechend. Aber es schien aufwärtszugehen. Er empfing das britische Königspaar, trotz der von den Ärzten verordneten zweimonatigen Schonfrist. Er zeigte sich am Palmsonntag. Er ließ sich am Gründonnerstag in ein Gefängnis bringen. Die Osterbotschaft, teilte Franziskus schwer atmend mit, werde der päpstliche Zeremonienmeister, Erzbischof Diego Giovanni Ravelli, verlesen. Auf der anderen Seite der Loggia stand Kardinal Dominique Mamberti, hinter Franziskus sah man Strappetti.

Am Ostermontag wollte ich nachmittags nach München zurückreisen. Ich war für die Spätmesse eingeteilt. Kurz nach 9 Uhr morgens sah ich die erste Agenturmeldung auf dem Handy: »Papst Franziskus ist tot!« Ich konnte (oder wollte) es zuerst nicht glauben. Fake News wie schon in den Wochen zuvor manchmal? Dann kam die nächste Meldung, dann die nächste. Schließlich wurde es offiziell bestätigt. Es ist also wahr! Der Camerlengo, der Kardinalkämmerer Kevin Joseph Farrell, verlas in der Kapelle von Santa Marta in Anwesenheit von Kardinalstaatssekretär Parolin, Erzbischof Edgar Robinson Peña Parra, dem Substituten des Staatssekretariats, und Erzbischof Ravelli – alle im schwarzen Anzug mit Brustkreuz – die Todeserklärung: »Liebe Brüder und Schwestern, mit tiefer Trauer muss ich den Tod unseres Heiligen Vaters Franziskus bekannt geben. Heute Morgen um 7.35 Uhr ist der Bischof von Rom, Franziskus, in das Haus des Vaters zurückgekehrt. Sein ganzes Leben war dem Dienst des Herrn und seiner Kirche gewidmet. Er hat uns gelehrt, die Werte des Evangeliums mit Treue, Mut und universeller Liebe zu leben, insbesondere zugunsten der Ärmsten und Ausgegrenzten. In großer Dankbarkeit für sein Beispiel als wahrer Jünger des Herrn Jesus empfehlen wir die Seele von Papst Franziskus der unendlichen barmherzigen Liebe des dreifaltigen Gottes.«[22]

Ich stieß mich etwas an dem starken amerikanischen Akzent in der auf Italienisch verlesenen Mitteilung – und musste für den ORF einen Tag länger in Wien bleiben. Papst Franziskus ist an einem Ostermontag gestorben. Was für eine Regie! Kardinal Walter Kasper sagte in einem *ZEIT*-Interview: »Am Ostermontag zu sterben, das heißt, in die Auferstehung hinein zu sterben. Da erfüllt sich seine letzte Predigt vom Ostersonntag, die er zwar nicht mehr selber halten konnte, die aber sagte, was Christsein heißt: Wir dürfen nicht stehen bleiben, wo wir jetzt stehen. Wir sollen immer weitergehen und dürfen stets Hoffnung haben auf einen neuen Anfang. Auch in der Stunde unseres Todes.«[23]

Was mich tröstete: dass es schnell zu Ende ging mit Papst Franziskus, dessen Pontifikat ich eng begleitet hatte. Ich trauerte um ihn, bei einem Requiem brach mir die Stimme ab. Ich vermisse Franziskus sehr.

Obwohl ich ihm nie persönlich begegnet bin, kann ich ganz und gar nachvollziehen, was Kardinal Kasper sagte: »Ich bin dankbar, diesem Papst begegnet zu sein. Eine seiner Stärken war, dass er die eigenen Schwächen nicht vertuschte. Und er redete den Leuten nicht nach dem Mund. Es war deshalb immer schön, ihm zu begegnen. Jetzt tröstet mich, dass er uns alle am Ostersonntag noch gesegnet hat, ehe er gestorben ist. Ich freue mich für ihn, dass es ihm nun gut geht. Er ist jetzt im ewigen Frieden.«[24]

Zwölf Jahre, ein Monat, acht Tage: Das war der Pontifikat von Franziskus. Schon bald erschien auf der Website des Vatikans die Mitteilung: »Apostolica Sedes vacans« –der Heilige Stuhl ist unbesetzt, vakant, verwaist.

»Ein Pontifikat der Aussaat, nicht der Ernte« oder: Was war? Was bleibt? Was wirkt?

»Pontifikat der Aussaat, nicht der Ernte«: Lassen sich die Pontifikatsjahre von Franziskus damit vielleicht auf den Punkt bringen? Die letzte Frage in einem Interview mit dem Jesuiten Antonio Spadaro von der *Civiltà Cattolica*, der von der Redaktion der *Herder Korrespondenz* als »Papstvertrauter« und »oberster Papsterklärer« tituliert wurde, lautete: »Wird ein künftiges Konklave einen Kandidaten wählen, der den Kurs von Franziskus fortsetzen will? Einen Franziskus II.?« Spadaros Antwort damals: »Ich habe keine Kristallkugel. Aber das jetzige Pontifikat ist aus meiner Sicht eher ein Pontifikat der Aussaat, nicht der Ernte. Es kann gar nicht anders sein, wenn man das Alter von Papst Franziskus bedenkt. Immerhin, die Samen sind nun da. Der Papst hat sehr viel gesät in den letzten Jahren. Sein Nachfolger kann das nicht ignorieren, er wird nicht zurückkönnen. Er wird weiter vorangehen.«[25]

Das war im August 2020. Für eine historische Auswertung der Amtszeit von Papst Franziskus ist es absolut zu früh. Jeder neue Papst ist völlig frei, seine Themen, seine Schwerpunkte, seine Akzente zu setzen. Er ist und darf nicht gebunden sein an die »Linie« oder an den Stil seines Vorgängers. Das Amt kommt zum Menschen – aber ein Mensch prägt auch das Amt.

Benedikt XVI. wäre eine billige, um nicht zu sagen eine peinliche Kopie geworden, hätte er Johannes Paul II. imitiert. Dafür war Joseph Ratzinger viel zu klug – und ist deswegen nicht in diese Falle getappt. Was Antonio Spadaro richtig sah: Der Nachfolger von Franziskus kann schwerlich ignorieren, dass dieser dem Papstamt ein menschlicheres Gesicht gegeben hat. Dass er mit seiner Art und Weise, auf Menschen zuzugehen, mit seiner Spontaneität und seiner Amtsführung sehr nahbar war und dass die Menschen dies sehr schnell vermissen würden. Das bezieht sich freilich nicht nur auf die unter Franziskus entwickelte neue Pastoralkultur, sondern auch auf die Theologie und, weitaus schwerer vermittelbar und zu plausibilisieren, auf die Fortschreibung der Ekklesiologie des letzten Konzils.

Den Mund halten – oder besser doch nicht?

Keine Frage: Mit seiner Direktheit und seiner Impulsivität hat Franziskus auch verletzt. Seine Saloppheit ging gelegentlich daneben – und er war sich dessen nicht immer bewusst. Ein argentinischer Freund des Papstes, der anonym blieb, nannte Franziskus im Frühsommer 2024 einen *bocon*[26], was im Spanischen so viel bedeutet wie: Einer kann den Mund nicht halten. Mit Diplomatie konnte Jorge Mario Bergoglio nie etwas anfangen. Dass aufgeschnappte Schimpfwörter, in andere Sprachen übersetzt, ganz neue Problemfelder öffnen, dürfte ihm lange nicht bewusst gewesen sein. Manche empfanden einige seiner Vorgehensweisen und Entscheidungen auch als brutal.

Im Frühjahr 2024 erschien das Buch *Der Papst der Enttäuschungen* von Michael Meier: Der Schweizer Fachjournalist für Religion, Kirche und Gesellschaft ist Redakteur beim Zürcher *Tagesanzeiger* und Altkatholik (Christkatholische Kirche). Ich ärgerte mich darüber und sagte das dem Autor auch in einem gemeinsamen Interview mit *forum*, dem Pfarrblatt der katholischen Kirche in Zürich. Gegen Meiers Behauptung, es sei das künstliche Narrativ vom reformwilligen Papst geschaffen worden, der an einer reformunwilligen Kurie scheitere, legte ich Einspruch ein.[27] Der Verlag bewarb das Buch in Anlehnung an den Untertitel *Warum Franziskus kein Reformer ist* mit der Feststellung »Warum der Seelsorger kein Reformer ist«. Franziskus – eine einzige Enttäuschung: einer, der viel ankündigte und nichts einlöste, einer, der polarisierte und zuspitzte, aber hinter seinen verbal-rhetorischen oder emotional-polemischen Ausbrüchen zurückblieb? Schon 2015, keine zwei Jahre nach der Wahl des Erzbischofs von Buenos Aires zum Bischof von Rom, fragte Patrik Schwarz im Vorwort des von ihm herausgegebenen Sammelbandes *Papst Franziskus. Gelingt die Revolution?*: »Droht der Papst ein Obama in Soutane zu werden?«[28]

In die Geschichte als »Kopfwäsche« eingegangen ist die legendäre Weihnachtsansprache von 2014, in der Franziskus der Kirche in drastischen Bildern und mit wenig charmanten Vergleichen fünfzehn Krankheiten vorhielt: eine Art Schocktherapie. Der Pastoraltheologe Erich Garhammer bezeichnete sie als »Klerikalismusprophylaxe«[29]. Weniger oft zitiert wurden zwei Bemerkungen aus anderen Weihnachtsansprachen. Am 21. Dezember 2017 meinte er mit Blick auf das Tempo mancher Änderungen, ein Wort des seinerzeit unter Pius IX. in Rom tätigen belgischen Erzbischofs Frédéric François Xavier Gishlain de Mérode aufgreifend: »In Rom Reformen durchzuführen heißt gleichsam die Sphinx von Ägypten mit einer Zahnbürste zu putzen.«[30] Und drei Jahre später, am 21. Dezember 2020, sagte er: »Wer die Krise nicht im Licht des Evangeliums betrachtet, beschränkt sich darauf, die Autopsie einer Leiche durchzuführen.«[31]

Vom Papst-Hype der ersten Jahre war am Ende nicht mehr viel zu spüren. Hinter vorgehaltener Hand fragten in den letzten Jahren selbst viele, die bis zuletzt eisern zu Papst Franziskus hielten: What's next? Wann löst Franziskus neue Missverständnisse aus? Wen irritiert er, wen verärgert er, wen provoziert er als Nächstes? Was passiert noch alles? Die »Patzer« nahmen zu, je älter er wurde – und die Kritik daran auch, vor allem die innerkirchliche.

Große Hoffnung, tiefer Fall?

Papst Franziskus – große Hoffnung, tiefer Fall?, so lautete der Titel einer Dokumentation von Jürgen Erbacher im *ZDF* zum zehnten Jahrestag der Wahl von Jorge Mario Bergoglio, die Anfang April 2023 ausgestrahlt wurde. Der Erste, der zu Wort kam, war Kardinal Walter Kasper: »Er hat auf jeden Fall mal die Tür aufgemacht für eine neue Epoche.« Nicht nur »einzelne Verwandlungen«, sondern »eine Zeit des Wandels« habe Franziskus damit eingeleitet. Unmittelbar darauf schrieb die Publizistin und Politikwissenschaftlerin Christiane Florin: »Er hat auch nicht genug Leute gefunden, die von dieser Art begeistert waren, auf die er sich jetzt heute stützen konnte.«

Ist das die Bilanz des Pontifikates des allerersten Bischofs von Rom, der sich den Namen Franziskus zulegte? »Yes We Can«, Barack Obamas Wahlslogan von 2008 schien am Beginn des Pontifikats plötzlich auch in der römisch-katholischen Kirche eine reale Möglichkeit zu sein. Dabei hatte der erste farbige US-Präsident nur kurz eine Aufbruchstimmung verbreitet und musste dann hauptsächlich eine Rezession verwalten. Die deutsche Bundeskanzlerin Angela Merkel prägte angesichts der gesellschaftlichen Herausforderungen, denen sich ihr Land mit der Flüchtlingswelle von 2015 konfrontiert sah, das Wort: »Wir schaffen das.« Obama enttäuschte. Merkel polarisierte. Und der Papst in Rom?

Für einen Reformpapst wurde Franziskus gehalten, zunächst. Hans Küng hielt auch zwei Jahre nach seiner Wahl – mit Verweis auf das Kurzzeitpontifikat von Johannes XXIII. – einen »Paradigmenwechsel« für möglich: »Nicht eine restaurative Rückentwicklung in vorkonziliare Zeiten wie unter dem polnischen und dem deutschen Papst, sondern überlegte, geplante und gut vermittelte Schritte der Reform auf der Linie des Zweiten Vatikanischen Konzils und in seiner Weiterführung.«[32] Die nachfolgenden, leicht martialisch anmutenden Bemerkungen ließen erahnen, dass, wenn es so kommen sollte, mit Widerstand zu rechnen sei: »Zweifellos weckt Papst Franziskus damit vor allem im Machtbetrieb der römischen Kurie mächtige Gegenkräfte, denen es standzuhalten gilt. Die vatikanischen Machthaber werden die seit dem Mittelalter angehäufte Macht kaum freiwillig aus den Händen geben.«[33]

Diese hat Franziskus wiederholt gereizt. Schon als Erzbischof von Buenos Aires legte er sich wiederholt mit dem Nuntius an und hielt bewusst Abstand zur römischen Kurie. Dem Angebot, einen Kurienposten zu übernehmen, damit in den Apparat eingebunden – und neutralisiert – zu werden, hatte er sich widersetzt: »Er lehnte ab. Die Kurie konnte es nicht fassen. Normalerweise kann es Kardinälen aus weit entfernten Weltgegenden wie Argentinien gar nicht schnell genug gehen, nach Rom zu kommen. Doch Bergoglio wollte partout nicht. Er durchschaute das Spiel, dass die Kurie immer wieder versuchte, unliebsame Kandidaten nach Rom zu locken.«[34] Seine Wahl, angeblich mit mehr Stimmen als seinerzeit Joseph Ratzinger im Jahr 2005, war nach Angaben eines anonym bleibenden Bergoglio-Vertrauten »ein Bumerang für die Kurie«[35] gewesen und besiegelte den Anfang vom Ende des mächtigen Kardinalstaatssekretärs Tarcisio Bertone, dessen Einflussnahme seinerzeit mehr als die Hälfte der Wahlmänner ihre Kardinalsernennung verdankten. Das Ordenskürzel SAB (für Salesianer Don Boscos) wurde so gedeutet: Sono die Bestone – hier wurde Bestone gemacht.

Programmierte Enttäuschungen

In der Tat dauerte es keine fünf Jahre und Franziskus enttäuschte. Er musste enttäuschen: diejenigen, die meinten, dieser Papst würde nun endlich ihre Reformagenda aufgreifen und gleichsam Schritt für Schritt abarbeiten – und den Zölibat abschaffen oder mindestens freistellen, die Weihe von Frauen zu Diakoninnen und Priesterinnen ermöglichen, und und und ... Alles nur Ankündigungen, Gesten, ein Stil-, aber kein Perspektivenwechsel, schon gar keine Änderungen in der Lehre?

Als im *Annuario Pontifico 2024* der von Benedikt XVI. 2006 abgelegte Titel »Patriarch des Westens« wieder auftauchte, verstanden das die einen als Geste gegenüber den Orthodoxen, weil sich Franziskus damit auf eine Stufe mit dem Patriarchen von Konstantinopel und anderen Patriarchen der Ostkirche stelle. Andere meinten, damit entferne sich Franziskus weiter von den protestantischen Kirchen. Indem Rom das Fünfeck der Alten Patriarchen (Rom, Konstantinopel, Alexandrien, Antiochien, Jerusalem) wiederherstellte, wurde – nach dem orthodoxen Kirchenverständnis – die Position Moskaus theologisch geschwächt.

Papst Franziskus sprach oft von der Reform der Herzen, der Mentalitäten und der Gewohnheiten. Schon bald hieß es, sein einfacher Lebensstil, seine unkonventionelle Amtsführung, seine Nahbarkeit und Spontaneität seien nicht mehr als ein Stilwechsel, nämlich reine Symbolpolitik. Ein grundsätzlicher Perspektiven-, gar ein Paradigmenwechsel sei nicht erkennbar – und auch nicht gewollt. Änderungen in der Lehre schon gar nicht. Ausgebremst durch die Kurie, von karrieregeleiteten Kardinälen und Bischöfen, die hinter seinem Rücken tuschelten, alsbald seine Rechtgläubigkeit infrage stellten und darüber spekulierten, wann ein Papst absetzbar sei, nannten ihn die einen konsequent einen »evangelischen« Papst, der die Kirche wieder jesuanischer gemacht habe, die anderen schlichtweg ein »Desaster«.

Die Kritik wurde mit den Jahren lauter und brutaler. Unverhohlen wurde Franziskus von Philip f. Lawler (2018) als *Der verlorene Hirte* (Untertitel: *Wie Papst Franziskus seine Herde in die Irre führt*) bezeichnet. Unter dem Pseudonym Marcantonio Colonna erschien 2018 von dem britischen Historiker Henri J. A. Sire, Mitglied des Souveränen Malteserordens, auf Englisch, noch in demselben Jahr umgehend ins Deutsche übersetzt, das Buch *Der Diktatorpapst*. Ihm war ein Abraham Lincoln zugeschriebenes Diktum vorangestellt: »Man kann alle Menschen für einige Zeit belügen. Einige Menschen kann man auch für alle Zeit belügen. Aber man kann nicht alle Menschen für alle Zeit belügen.« Schon im Vorwort wurde Franziskus als »arrogant, den Menschen gegenüber geringschätzig, verschwenderisch mit Schimpfwörtern und berüchtigt für seine wüsten Wutausbrüche, vom Kardinal bis hin zum Chauffeur«[36] bezeichnet.

Am Ende wurde gar prophezeit, wer der nächste Bischof von Rom werden solle: »Papst Parolin«[37]. Zuletzt war 1939 ein Kardinalstaatssekretär als Papst aus dem Konklave hervorgegangen: Eugenio Pacelli als Pius XII. Er kannte Bayern und die Weimarer Republik gut, war er doch zuerst in München, dann in Berlin Nuntius gewesen, bis er Ende Dezember 1929 wieder in den Vatikan zurückkehrte. Bei einer Buchvorstellung im April 2024 im Vatikan gab sich Parolin ungewöhnlich offen und erstaunte mit der Aussage, es könne »keine Kehrtwende« beim nächsten Papst geben, die Reformen von Franziskus seien »unumkehrbar«. Brachte er sich damit in Stellung? War es eine versteckte Bewerbungsrede? So wurden seine Äußerungen jedenfalls verstanden.

Wenn Welten aufeinanderprallen …

Viele Reisen, viele Predigten, viele Dokumente und Texte wurden zwar als Meilensteine gewertet und setzten unauslöschbare Zeichen, bargen aber auch Diskussions- oder Protestpotenzial.

Als Franziskus nach seiner 45., längsten und strapaziösesten Auslandsreise (2. bis 13. September 2024: Indonesien, Papua-Neuguinea, Osttimor und Singapur) in den asiatisch-südpazifischen Raum (vier Länder an elf Tagen mit 42 Programmpunkten und 16 Ansprachen) Ende September für einen Tag nach Luxemburg und drei Tage nach Belgien kam, von der Presse als »Drahtseilakt im Herzen Europas« bezeichnet, kam es zum Eklat. Nachdem der König und der Ministerpräsident sich zuvor über das defizitäre Schuldbewusstsein der Kirche in Sachen sexueller Missbrauch beschwert hatten, wich der Papst bereits von seinem Redemanuskript ab und äußerte persönliche Worte der Scham über Verbrechen in der Kirche. Welten prallten dann aufeinander, als er vor Studierenden der altehrwürdigen Katholischen Universität Löwen (Leuven/Louvain-la-Neuve), die 2025 ihr 600-jähriges Bestehen feiern sollte, zur Rolle der Frau meinte:

> »Was für die Frau charakteristisch ist, was weiblich ist, wird nicht durch Konsens oder Ideologien festgelegt. Und die Würde wird durch ein ursprüngliches Gesetz gesichert, das nicht auf Papier geschrieben, sondern dem Leib eingeschrieben ist. Die Würde ist ein unschätzbares Gut,

> eine ursprüngliche Qualität, die kein menschliches Gesetz geben oder nehmen kann. Ausgehend von dieser gemeinsamen und geteilten Würde entfaltet die christliche Kultur in verschiedenen Kontexten immer wieder aufs Neue die Sendung und das Leben des Mannes und der Frau und ihr gegenseitiges Füreinandersein, in Gemeinschaft. Nicht einer gegen den anderen, das wäre Feminismus oder Machismus, und nicht in gegensätzlichen Ansprüchen, sondern der Mann für die Frau und die Frau für den Mann, gemeinsam.«[38]

Anstoß erregten vor allem diese Sätze: »Die Frau ist fruchtbare Aufnahme, Fürsorge, lebendige Hingabe. Deshalb ist die Frau wichtiger als der Mann, aber es ist schlecht, wenn die Frau wie der Mann sein will: Nein, sie ist eine Frau, und das ist ›schwerwiegend‹, es ist wichtig.« Die Universität veröffentlichte nach seiner Rede eine Protestnote und distanzierte sich von dieser Geschlechterposition. Die Universitätsrektorin Françoise Smets meinte daraufhin, Franziskus überdenke seine Ansicht vielleicht noch, der wiederum tags darauf Journalisten gegenüber die Aktion als »unfair« bezeichnete, weil der Protest noch während seiner Rede verfasst worden sei.

Auf der fliegenden Pressekonferenz zurück nach Rom legte Franziskus nach, nachdem er zuvor Ärzte, die Abtreibungen vornehmen, erneut als »Auftragskiller« bezeichnet hatte (schon zuvor hatten 500 Belgier angekündigt, sich deswegen »enttaufen« lassen zu wollen):

> »Ich sehe, dass es eine verbohrte Denkweise gibt, die nicht hören will, dass darüber gesprochen wird. Die Frau steht dem Mann gleich, sie steht ihm gleich, im Leben der Kirche ist die Frau sogar überlegen, weil die Kirche Frau ist.

> (…) Die Mutterschaft der Kirche ist eine weibliche Mutterschaft. Das Amt ist ein viel geringerer Dienst, der zur Begleitung der Gläubigen gegeben ist, aber stets innerhalb der Mutterschaft. Und darüber haben verschiedene Theologen nachgedacht, und dies zu sagen, ist etwas Reelles, ich sage nicht ›Modernes‹, sondern ›Reelles‹. Es ist nicht antiquiert. Ein übertriebener Feminismus, der besagt, dass Frauen ›Machos‹ sein sollen, das funktioniert nicht. Der Chauvinismus ist eine Sache, die nicht geht, der Feminismus ist eine andere Sache, die nicht geht. Man kann sagen, dass die Kirche als Frau größer ist als das priesterliche Amt. Und das wird manchmal nicht bedacht.«[39]

Die Theologin Ursula Nothelle-Wildfeuer von der Freiburger Universität kritisierte die päpstlichen Aussagen und verwies dabei auf einen Widerspruch zur Enzyklika »Fratelli tutti« von 2020. Sein traditionelles, überholtes Frauenbild vertreibe Frauen aus der Kirche[40].

(K)ein theologisches Leichtgewicht?

Die Kritik an Papst Franziskus und die programmierte Enttäuschung hing auch damit zusammen, dass er oft nur durch eine europäische Brille gelesen wurde. Massimo Borghesi, der an der Universität Perugia Moralphilosophie lehrt, zitierte in seiner in etliche Sprachen übersetzten und damit weltweit verbreiteten Franziskus-Biografie[41] den Historiker Agostino Giovagnoli, der darauf hingewiesen hat, dass »viele Vertreter der europäischen Führungsschichten und vor allem die Intellektuellen und die Akademiker des alten Kontinents«[42] von Anfang an mit diesem Papst »vom anderen Ende der Welt« fremdelten, wenn sie ihn nicht gar, wie nordamerikanische Katholiken und deren Eliten, verachteten. Vorurteile belasten und können blenden: Vielen blieb deswegen verborgen, dass Papst Bergoglios Denken »weitaus komplexer und ausgefeilter ist, als es zunächst scheint«[43].

Kardinal Kasper hat bei vielen Gelegenheiten geradezu sein Mantra wiederholt, es sei ein grober Fehler, Franziskus für ein »theologisches Leichtgewicht«[44] zu halten. Sein auf einen Vortragszyklus für Exerzitien zurückgehendes Buch *Barmherzigkeit* (Untertitel: *Grundbegriff des Evangeliums – Schlüssel christlichen Lebens*, 2012) hatte der neue Papst in spanischer Übersetzung während des Konklaves gelesen. In seiner dem ersten Angelusgebet am 17. März 2013 vorausgehenden Ansprache, also noch vor seiner Amtseinführung am 19. März, erwähnte er es lobend[45] (und ließ damit die Auflage in die Höhe schnellen). Franziskus hat sich immer wieder von Kasper, dessen theologische Expertise er sehr schätzte, beraten lassen. Auf Einladung des Papstes hielt er im Februar 2014 vor dem außerordentlichen Konsistorium der Kardinäle einen wichtigen, später viel diskutierten (und deswegen auch veröffentlichten) Vortrag, der als Meilenstein der theologischen Debatte im Umfeld der außerordentlichen Weltbischofssynode im Oktober 2014 und der ordentlichen Weltbischofssynode im Oktober 2015 gilt.[46]

Kaspers Warnung und Borgheses Beobachtung, dass Papst Franziskus – anders als sein Vorgänger, der manchmal »Prof. Dr. Papst« genannt wurde – theologisch unterschätzt werde, schloss sich auch Jürgen Erbacher in seinem Vatikan-Blog *Papstgeflüster* an: »Ein Promotionsprojekt hatte er zwar in den 1980er-Jahren einmal angedacht, doch es wurde nie realisiert. Ob er es sich wirklich, wie er einmal schmunzelnd feststellte, auf die Zeit nach seiner Pensionierung als Erzbischof von Buenos Aires aufgehoben hat, sei dahingestellt. Wer den Pontifex allerdings als theologisches Leichtgewicht einschätzt, der irrt.«[47]

Synodalität – eine Vision für die Kirche des 21. Jahrhunderts

Das Thema Synodalität zeichnete sich zwar, seitdem Franziskus im Oktober 2021 die Kirche weltweit auf einen mehrjährigen synodalen Prozess mit einer Doppelsynode (2023/24) geschickt hatte, als sein »Erbe« ab, immer lauter wurden mit der Zeit indes Stimmen, die fragten: Warum Synoden abhalten, wenn der Papst am Ende doch tut, was er will – und selbst Zweidrittelvoten wie bei der Amazonas-Synode (2019) ganz einfach übergeht? Sollte alles nur »Partizipationssimulation« sein?

Wer die ausgezeichnet dokumentierten Schritte dieses Weges, die in mehreren Sprachen im Internet zugänglich sind, anschaut, wer Texte aus den Diözesen, die nationalen und kontinentalen Synthesen liest, wer das Arbeitsinstrument vom Oktober 2023 und vom Oktober 2024 (*Instrumentum laboris*) anschaut und wie es dazu gekommen ist, die Tagesordnung, die Beratungen und die Abstimmungen verfolgt, kommt zu einem anderen Schluss.[48] Das war nicht »Beschäftigungstherapie« oder ein groß angelegtes Manöver, mit dem Papst Franziskus kritische Geister beruhigen oder neutralisieren wollte.[49] Eine solche Einschätzung wird einem Unternehmen, das auf allen Kontinenten Tausende engagierte Katholikinnen und Katholiken, Haupt- und Ehrenamtliche, Bischöfe, Priester und sogenannte Laien jahrelang auf Trab hielt, nicht gerecht. Im Übrigen deckte der synodale Prozess auf, dass bestimmte Themen, Anliegen und Reformwünsche überall auf dem Globus virulent sind, sodass die Weltkirche auch von Teilkirchen lernen konnte und sich deren Erfahrungen, wie auch die des Synodalen Wegs in Deutschland,[50] durchaus einspeisen lassen.

Kommende Herausforderungen

Manche verdrängten: Franziskus hat in Argentinien, als er nach seiner Amtszeit als Provinzial (1973–1979) Rektor des Colegio Máximo San José in San Miguel wurde, auch als Professor für Pastoraltheologie gewirkt – wenn auch nach anderen akademischen Standards als an einer deutschen Universität. Als Papst hat er nicht die Reformagenda der westlichen Welt oder Europas abgearbeitet und ständig auf Zurufe aus Deutschland oder aus den USA reagieren können. Nicht nur für ihn galt: Jeder Pontifex maximus muss die ganze Kirche im Blick haben und kann nicht nur Anliegen, Forderungen und Probleme einer bestimmten, einzigen Teilkirche berücksichtigen.

Es gibt – in unseren Breitengraden oft unterschätzt – ziemlich unterschiedliche Empfindlichkeiten und Wahrnehmungen ein und desselben Problems, von den Wertungen ganz zu schweigen. Als »heiße Eisen« gehandelte Themen nördlich der Alpen können in anderen Erdteilen, in Korea vielleicht oder in Peru, eine völlig andere Bedeutung haben, überhaupt nicht als dringlich oder als »künstliches« Problem angesehen werden. Der Zölibat als exklusive Zugangsbedingung zur Priesterweihe, das Dauerthema der Weihe bewährter verheirateter Männer (*viri probati*), Frauenordination oder Homosexualität werden in Deutschland oder in der Schweiz so, in Tansania oder Thailand ganz anders (wenn überhaupt) angesprochen. Der kulturelle *approach* ist ein oft unterschätztes Problem. Hier besteht weiterhin ein enormer

Lernbedarf, wenn die Kirche ihre Rolle und ihr Potenzial als einer der ältesten Global Player der Welt nicht verspielen will.

Schon wieder Synodalität

Auch hier könnte sich – das hängt vom neuen Papst und dessen Schwerpunktthemen ab – das von Franziskus favorisierte Thema der Synodalität positiv auswirken. Es könnte, davon bin ich überzeugt, eine neue Form gemeinschaftlicher Entscheidungsfindungskultur und kollektiver Wahrheitssuche befördern. Das dauert freilich – lange! Bis sich eine synodale Kultur in der Kirche etabliert hat, braucht es viel Geduld, die manche, frustriert über negative Erfahrungen der letzten Jahrzehnte (seit der Würzburger Synode), nicht mehr aufbringen wollen oder können. Und auch Demut.

Die Zeiten sind jedoch vorbei, als Europäer meinten, die gesamte Welt mit ihren Ideen überziehen bzw. beglücken zu können. Mit dem Zweiten Vatikanischen Konzil hat die Kirche nach dem Jesuitenprofessor Karl Rahner aufgehört, eine europäische Kirche mit Exporten in alle Welt zu sein. Sie wurde Weltkirche. Es wäre ein Ausdruck postkolonialen Denkens zu meinen, theologische und pastorale Vielfalt und Vielgestaltigkeit der Kirche könne heute noch von einem Punkt der Erde aus, nämlich aus dem Vatikan, gesteuert oder reguliert werden. Ein in aller Welt geltender Weltkatechismus ist schön und gut, aber wie Glaube auf jedem Kontinent gelebt, wie Liturgie gefeiert, wie Theologie entwickelt wird – das lässt sich, anders als vor dem letzten Konzil und dem bis dahin flächendeckend für die gesamte Kirche vorgeschriebenen neuscholastischen Lehrsystem, nicht mehr per Dekret oder unter Androhung disziplinärer Sanktionen uniformieren. Außer um den Preis des Verlustes von (legitimer) Vielfalt.

Der späte Karl Rahner (1904–1984) hat immer wieder – ernüchtert durch nachkonziliare Versuche, die mit dem Konzil begonnene Öffnung zurückzunehmen –, kritisch nachgefragt: »Sind die Kirchen besonders in der Dritten Welt nicht doch noch zu sehr Kirchen eines abendländischen Exports in alle Welt?«[51] Er pochte dabei auch auf einen vom Konzil selbst anerkannten Pluralismus: »Wenn die Kirche aus einer abendländischen Kirche mit Exporten in alle Welt wirklich eine Weltkirche werden will, und zwar auch außerhalb des Abendlandes und Amerikas und nicht bloß durch verschwindende Minoritäten, dann ist der Mut zu dem kirchlichen Pluralismus, der in der Kirchenkonstitution als legitim anerkannt ist, ein Erfordernis von fundamentaler Bedeutung für die Zukunft der Kirche.«[52] Auch in zwei 1979 erschienenen Artikeln – *Die bleibende Bedeutung des II. Vatikanischen Konzils* sowie *Theologische Grundinterpretation des II. Vatikanischen Konzils*[53] – hat er differenziert aufgezeigt, was dieser Pluralismus bedeuten kann und was dessen Unterdrückung de facto zur Folge hat.

Was ein Papst in vorgerücktem Alter leisten kann – und was nicht

Wer mit 76 ins Amt kommt, bringt viel Lebens- und Leitungserfahrung ein, von denen die neue Wirkungsstätte profitiert – ist aber auch in einem fortgeschrittenen Alter, in dem man physisch weniger fit und vital ist als in früheren Lebensjahrzehnten. Das Alter ist beides: Risiko und Chance. Jorge Mario Bergoglio stand im 77. Lebensjahr, als er gewählt wurde. Joseph Ratzinger, sein Vorgänger, war am 19. April 2005, drei Tage nach seinem 78. Geburtstag, als Benedikt XVI. aus dem Konklave hervorgegangen.

Karol Wojtyła war zum Zeitpunkt seiner Wahl erst 58 Jahre alt. Seit 1967 Kardinal, dominierte Johannes Paul II. mit seiner charismatischen Persönlichkeit die Kirche fast 27 Jahre lang. Die letzten Lebensjahre waren geprägt von einem öffentlichen Dahinsiechen. Das Schussattentat auf dem Petersplatz am 13. Mai 1981 hatte der polnische Papst überlebt. Spätfolgen blieben. Im letzten Lebensjahrzehnt kam ein Hüftleiden dazu, Stürze und Brüche häuften sich, Symptome der Parkinson-Krankheit wurden unübersehbar. Wenn ein Papst nicht mehr sprechen kann oder kaum mehr verstanden wird, ist es aus mit ihm. Bei Johannes Paul II. half am Ende auch ein Luftröhrenschnitt nicht mehr. Am 30. März 2005 versagte ihm die Stimme – unglaublich berührend nachgestellt im zweiten Teil des Films *Karol – Papst und Mensch* (*Karol – un papa rimasto uomo*), der 2006 im Vatikan Premiere hatte. Er setzte den Zweiteiler *Karol – Ein Mensch, der Papst wurde* fort.

Wer bei der Wahl unter 60 Jahre ist, kann es leicht auf 20 oder 30 Dienstjahre bringen. Davor graute offenbar vielen Kardinälen, die sich 2005 für Joseph Ratzinger entschieden und sich davon inhaltliche Kontinuität und einen Übergangspontifikat versprachen. Beim Konklave 2025 gehörten die ältesten Kardinäle dem Geburtsjahr 1945 an, der jüngste dem Jahr 1980! Der Gesundheitszustand von Päpsten ist stets Anlass für Spekulationen gewesen. Auf Lebenszeit (*ad vitam*) gewählt, stellte sich immer schon die Frage – und seit der zweiten Hälfte des 20. Jahrhunderts aufgrund der gestiegenen Lebenserwartung viel dringlicher: Was passiert, wenn ein Papst krankheitsbedingt amtsunfähig wird? Wenn er nicht mehr aus der Narkose erwacht? Nicht mehr sprechen kann? Nicht mehr öffentlich zelebrieren kann?

Gesundheit und Vitalität: die Achterbahn eines alten Papstes

Deutlich wurde ab etwa 2022, dass das Zeitfenster für Papst Franziskus immer enger wird. Würde er die beiden Bischofssynoden im Oktober 2023 und im Oktober 2024 erleben? Das Heilige Jahr 2025? Würde ein neuer Papst im Falle eines Rücktritts, der immer unwahrscheinlicher wurde, an den beiden Synoden festhalten oder sich darauf berufen, er setze andere Akzente? Solche Fragen standen monatelang im Raum. Jede Erkältung, jede kurzfristige Absage von Terminen von Papst Franziskus machte deutlich: Es geht in die Endrunde. Er selber scherzte immer wieder: nicht nur in der Gemelli-Klinik, wo er bereits zwei Tage nach einer Operation die Arbeit wieder aufnahm und mit der Mutter eines kleinen Jungen in Peru telefonierte, den er zwei Jahre zuvor in der Klinik getauft hatte, sondern auch mit Blick auf diejenigen, die sein baldiges »Ende« kommen sahen oder möglicherweise sogar herbeibeteten.

Er schwächelt, er kränkelt: Kommt er, kommt er nicht? Das waren Fragen während der Karwoche 2024. Die Meditationen für den traditionellen Kreuzweg im Kolosseum am späten Abend des Karfreitags hatte Papst Franziskus erstmals selbst verfasst. Kurzfristig musste er seine Teilnahme absagen. Kurz vor Ostern 2024 sagte sein Leibarzt Sergio Alfieri, Leiter der chirurgischen Abteilung der Gemelli-Klinik, der Franziskus in den letzten drei Jahren zwei Mal operiert hat, in einem Interview für den *Corriere della sera*: Franziskus habe »den Kopf eines 60-Jährigen«, aber die Beschwerden eines 87-Jährigen. Entwarnung also, kein Grund zur Besorgnis: »Mir sind keine Situationen bekannt, die Anlass zur Sorge geben. Dem Heiligen Vater geht es gut, entsprechend seinem Alter und seinen Atembeschwerden in der kältesten Jahreszeit.«

Als Franziskus Ende April 2024 und Mitte Mai 2024 Venedig und Verona einen Tagesbesuch abstattete und dabei ein dichtes, schon am frühen Morgen beginnendes Programm absolvierte, wirkte er buchstäblich »fit wie ein Turnschuh«, Rollstuhl hin oder her. Er brach jeweils bereits um 6:30 Uhr am Heliport des Vatikans auf. Überall beeindruckte er mit seiner Spontaneität, sehr deutlich wirkte (nach den Osterfeierlichkeiten) seine (wieder erstarkte) Stimme, er verließ (durchaus risikobehaftet) vorbereitete Redemanuskripte und überzeugte mit seiner wachen, Menschen zugewandten Präsenz, wie man es aus früheren Jahren gewohnt war. Auch beim katholischen Weltkindertag wirkte er sowohl im römischen Olympiastadion (mit 50.000 Teilnehmern) wie tags darauf beim Gottesdienst auf dem Petersplatz fidel und fit – ganz in seinem Element. Kindern erklärte er in einem Dialog anschaulich die Dreifaltigkeit und legte dafür sein Redemanuskript zur Seite. Dabei hörte er auch dem italienischen Regisseur und oscarprämierten Filmschauspieler Roberto Benigni zu, der den Papst kräftig umarmte. Im römischen Stadtteil Colli Aniene überraschte er zur gleichen Zeit im Rahmen der Schule des Gebetes zur Vorbereitung des Heiligen Jahres 2025 etwa 80 Kinder und Jugendliche mit einem Besuch in Begleitung von Erzbischof Rino Fisichella und beantwortete dabei Fragen, wie er es im April bereits bei 200 Erstkommunionkindern in einer römischen Pfarrei getan hatte. Es folgte eine weitere Tagesreise nach Triest, wo er, wie zu erwarten, auf die Flüchtlingstragödien auf dem Mittemeer einging.

Sprachliche Entgleisungen häuften sich

Umso tragischer wirkten gleichzeitig sich häufende sprachliche Patzer, die irritierten, verletzten und auch ratlos machten. Mit zunehmendem Alter wurde Franziskus immer redseliger – und unberechenbarer. Er gab ein Interview nach dem anderen, offenbar ohne Gegenkontrolle durch den Kardinalstaatssekretär oder andere Mitarbeiter im engeren Umfeld. Manchmal gewann man den Eindruck, er rede sich um Kopf und Kragen. Er verstrickte sich in widersprüchliche Aussagen, die ihm umgehend vorgehalten wurden. Der Liebhaber von Metaphern vergriff sich manchmal im Ton, musste sich entschuldigen, wenn etwas danebenging oder Empörung hervorrief. Auf eine harte Aussage oder Wertung folgte eine Relativierung, die Schlagzeile in der Presse lautete dann: »Der Papst rudert zurück.« Nach einem medialen Shitstorm beschwichtigte der Vatikan häufig, versuchte, Entgleisungen zu relativieren oder zu verharmlosen, und wies dazu auf das soziale Engagement es Papstes hin. Aber man spürte auch: Das erfolgte eher genervt, manchmal sogar widerwillig. Die Liste der päpstlichen »Fettnäpfchen« nahm zu,[54] auch enge Mitarbeiter sahen sich bloßgestellt. Franziskus – kein Teamworker, sondern einer, der oft vor vollendete Tatsachen stellte: Dieser Eindruck verfestigte sich. Die Unberechenbarkeit machte auch seinem engsten Umfeld zu schaffen.

Als Franziskus bei der (nicht öffentlichen) Frühjahrstagung der italienischen Bischofskonferenz im Mai 2024 über »Schwuchtelei« (*frociaggine*) in Priesterseminaren klagte, gingen die Wellen hoch. »Man muss sich schon sehr verrenken«, so Matthias Rüb in der *FAZ*, »um die Bezeichnung ›froci‹ (Schwuchtel) oder ›frociaggine‹ nicht als homophob zu erkennen. Das gilt fürs Italienische wie fürs Deutsche.« Rüb verwies dabei auf den US-amerikanischen Vaticanista John L. Allen, der in Rom die Website *Crux* betreibt, der auf ein Medienphänomen hingewiesen hatte, das Allen das »PR Safety Net« genannt hatte: Darunter verstehe Allen »die ganz überwiegend wohlwollende Berichterstattung des Mainstreams über den Papst, der so etwas wie ein mediales Sicherheitsnetz um ›seinen‹ Franziskus errichtet hat. Wie diese

PR-Schutzmauer funktioniert, kann man beispielhaft am Umgang mit dem jüngsten Homophobieskandal erkennen.« Auch wenn es Franziskus offenbar um den Zusammenhang zwischen klerikal-reaktionären Tendenzen unter Seminaristen und einer verbreiteten *gay culture* ging, blieb trotz einer (halbherzigen) Entschuldigung von Matteo Bruni »für die Verwendung eines Begriffes, der von anderen wiedergegeben wurde« die empörte Kritik des LGBTQ⁺-Aktivisten Francesco Lepore (»vulgäres Kneipengeschwätz«) an ihm hängen: »Als ob die ›Wiedergabe‹ des Schimpfworts durch die Medien und nicht das vom Papst gebrauchte Schimpfwort selbst das Problem wäre.«[55]

Wenige Tage später sorgte Franziskus erneut für Negativschlagzeilen, als er bei einem (ebenfalls nicht öffentlichen) Treffen mit Priestern der Diözese Rom in einem Frauenkloster offen Korruption im Bistum ansprach, »Geschwätz« sei »Frauensache«: »Wir haben Hosen an, wir müssen offen reden.«[56] Solche Machosprache offenbarte, was der Papst in anderen Zusammenhängen anderen vorhielt: innere Einstellungen und Haltungen, die auch nicht mit Verweis auf sein Temperament entschuldbar sind. Außerdem erteilte er, wieder en passant, der Weihe von Frauen bei aller Wertschätzung für Frauen im kirchlichen Dienst eine Absage, auch einem Diakonat von Frauen, was nicht nur nördlich der Alpen auf Unverständnis stieß. Franziskus verlor durch solche Vorkommnisse Sympathien, auch bei denen, die von seinem Reformwillen bis zuletzt überzeugt waren. Ob seine Provokationen Strategie waren, wird die Geschichte weisen.

In dasselbe Horn blies ein Redakteur der Interplattform *katholisch.de* nach den Aufregungen um die letzten Papst-Ausraster im Frühsommer 2024. In einem *Standpunkt* auf dem offiziellen Nachrichtenportal *katholisch.de* der katholischen Kirche in Deutschland fasste es Redakteur Roland Müller so zusammen:

»Franziskus ist es hoch anzurechnen, dass er die Widersprüchlich- und Ungleichzeitigkeit der Weltkirche ins Wort bringt. Dadurch verschieben sich die Grenzen dessen, was in der Kirche gedacht und gesagt werden darf – wenn auch nach deutschen Maßstäben in winzigen Schritten. Wer das verstanden hat, begreift: Das aktuelle Pontifikat ist eine Zeit der Aussaat und nicht der Ernte. Von Franziskus sind keine großen Reformen zu erwarten, er ist ein Bewahrer. Wohl aber hat er einen kirchlichen Kulturwandel angestoßen, der bereits in vollem Gange ist – und bei seinen Nachfolgern Früchte tragen wird. Bei aller berechtigten Verärgerung über die Kommunikation des Papstes muss diese Leistung anerkannt werden. Auch wenn das wohl für niemanden leicht ist.«[57]

Neu zu entdecken: Themen, die bleiben

Deswegen muss hier auch ein Appell erfolgen: Franziskus nicht nur von den Einschränkungen und »Fehltritten« der letzten Lebensmonate zu sehen, sondern alle zwölf Pontifikatsjahre in den Blick zu nehmen, um zu erkennen, welche »Baustellen« er hinterlässt, auch wenn manche nicht müde werden zu sagen: welches Chaos.

Ich bleibe dabei: Franziskus war ein Reformer. Gewiss oft »im Sprung gehemmt« (Helmut Krätzl), sodass der Eindruck der Echternacher Sprungprozession entstand: zwei Schritte nach vorn, einer zurück. Zwar tat ich mich mit der Einschätzung eines »Bürgerkriegs«[58] in der Kirche durch Marco Politi schwer, aber Tatsache ist, dass es enorm viel Widerstand gegen Franziskus gab, längst nicht nur wegen seines Temperaments und seiner Vorgehensweise, sondern wegen seiner Inhalte! Es waren mehr als vorsichtige Reformschritte, die er setzte. Er hat die Kirche verändert, tiefgreifend, aber nicht nur mit kosmetischen Polituren.

1. Unverkennbar hat Franziskus den Frauenanteil im Vatikan drastisch erhöht und Frauen in hohe Positionen gebracht. Es wäre wünschenswert, wenn es dabei bleibt und wenn dieser Kurs weitergeht. In den ersten zehn Amtsjahren hat er den Anteil weiblicher Führungskräfte im Vatikan verdreifacht. Bei seinem Tod waren vier Ordensfrauen in Spitzenpositionen, dazu zählten: Raffaella Petrini, Simona Brambilla und Nathalie Becquart. Dass mit zwei Frauen ein Dikasterium und das Governatorat der Vatikanstadt geleitet wird, ist keine päpstliche »Beruhigungspille«. Seit 6. Januar 2025 wird das Dikasterium für Orden von der Ordensfrau Simona Brambilla geleitet (ihr ist als Nr. 2 ein Kardinal unterstellt), am 1. März 2025 löste Raffaella Petrini, bisher bereits Vizegouverneurin und seit 2022 auch Mitglied des Dikasteriums für Bischöfe, Kardinal Fernando Vérgez Alzaga als Präsident der Vatikanstadt ab. Bischöfinnen sind sie nicht, weil ihnen der Zugang zu Weiheämtern verschlossen ist. Theoretisch könnten sie aber die Kardinalswürde erlangen; ob sie dann auch konklaveberechtigt wären, ist eine Anschlussfrage. Immerhin: Dass Frauen bei der Weltsynode 2023/24 Stimmrecht hatten, war ein Zeichen, auch wenn die stimmberechtigen nicht geweihten Synodalen in der Minderheit blieben! Eine Männerkirche nervte Franziskus. Ob das Thema Missbrauch auch mit männerbündlerischen Mechanismen in der Kirche zu tun hatte?

In der »Frauenfrage« galt Franziskus als unentschlossen, mindestens als zweideutig. Er hat manche Aussagen auch wieder zurückgenommen oder relativiert, die hoffen ließen. In seiner Autobiografie sagt er mit Berufung auf den Schlussbericht: »Es gibt keine Gründe, warum Frauen in der Kirche keine Führungsrolle übernehmen sollten: Das, was der Heilige Geist uns beschert, sollten wir nicht aufhalten. Auch die Frage, ob Frauen zum Weiheamt des Diakonats zugelassen werden sollten, ist eine offene Frage, die noch einer gründlichen Klärung bedarf.«[59] Die Frage des Diakonats ist also weiterhin offen. Die Frage der Sichtbarkeit und Gleichberechtigung von Frauen in der Kirche geht indes über die Frage der Weihe hinaus.

2. Die Erklärung *Fiducia supplicans* des Dikasteriums für die Glaubenslehre vom 18. Dezember 2023 wurde wie vieles in diesem Pontifikat ganz unterschiedlich aufgenommen: Für die einen war es ein großer Schritt nach vorn, für die anderen eine (weitere) Demütigung. Gleichgeschlechtliche Paare und wiederverheiratete Geschiedene durften demnach gesegnet werden. Aber nur so nebenbei, nicht in einem Gottesdienst. Nicht los wurde man jedenfalls den Eindruck, dass sich Kardinäle mit ihren Kommentaren in Stellung brachten – auffällig war, wer sich meldete und wer nicht. Interessant war, dass viele Bischöfe Franziskus die Gefolgschaft verweigerten und mit der von Kardinal Víctor Manuel Fernández verantworteten, vom Papst approbierten Erklärung nicht mitgingen: Sie widerspreche der Tradition. Auf die Erklärung folgte eine weitere Erklärung am 4. Januar 2024. Sie machte das Wirrwarr nicht besser. Ukrainische, kasachische, polnische, US-amerikanische und vor allem afrikanische Bischöfe sagten öffentlich, sie würden die Erklärung nicht umsetzen. Auch der Primas von Ungarn nicht. Die französische Bischofskonferenz, ebenso wie die portugiesische, stellte sich demonstrativ hinter den Papst. Auch einzelne Bischöfe in Deutschland und Österreich begrüßten die Erklärung ausdrücklich.

Interessant an dem Vorgang war, dass sich Bruchlinien im Episkopat auftaten. Diese waren schon länger da, wurden nun aber unübersehbar. Gregor Maria Hoff, Fundamentaltheologe in

Salzburg, analysierte, was die Unterstützung von Franziskus für seinen heftig attackierten Glaubenspräfekten bedeutete: »Und auch für den Papst ist die Billigung dieses Schreibens keine leichte Sache, denn sie rückt ihn in die Nähe der Häresie, also in einen heftigen Widerspruch zur Tradition der Kirche.« Er erinnerte an das Konzil von Konstanz, das drei Päpste abgesetzt hatte, und das Erste Vatikanum, das dem Papst umfangreiche Vollmachten zugeschrieben hatte. »Aber wer entscheidet«, fragte Hoff angesichts der Spannungen in der Kirche, die auch zu einer Spaltung hätten führen können, »ob ein Papst zum Ketzer geworden ist?« Schließlich zeigten sich bei der heiklen »Frage, welchen Ort die Kirche Menschen gibt, die nicht in ihre Vorstellungswelt passen«, unübersehbar »unversöhnliche Gegensätze«: »Bischöfe stehen gegen Bischöfe, jeweils mit ihrer apostolischen Autorität.«[60] Wie wahr, darin einen exemplarischen Vorgang zu erkennen!

Wollte der Papst, dass diese Bruchlinien offenkundig werden? Steckte dahinter eine Strategie, die zeigen sollte, wie sich der Apparat selbst desavouiert? In einem Interview mit der italienischen Zeitschrift *Credere* sagte er nicht nur, dass er selbst bereits gleichgeschlechtliche Menschen in Paarbeziehungen gesegnet habe. Er präzisierte dabei: »Ich segne keine ›homosexuelle Ehe‹, ich segne zwei Personen, die sich lieben, und ich bitte sie, auch für mich zu beten.« Und er legte nach und sprach von Heuchelei: »Niemand regt sich auf, wenn ich einen Unternehmer segne, der vielleicht Menschen ausbeutet – und Letzteres ist eine sehr schwere Sünde. Gleichzeitig ereifert man sich, wenn ich einen Homosexuellen segne. Das ist Heuchelei.«[61] Ein Journalist zog daraus den Schluss:

> »Bei Franziskus lohnte es sich, auch seine manchmal beiläufigen Bemerkungen zu beachten. Seine Vorgänger ha-

ben über herrschaftliche Dokumente reagiert, haben jedes Wort gewogen. Dieser Papst agiert unmittelbar – ein Stil, der seine Behörde, genannt Vatikan, manchmal fassungslos macht. Er regiert natürlich auf dem üblichen Weg über sorgsam vorbereitete Texte, aber maßgeblich über Reden, Ansprachen, Interviews. Je länger der 87-Jährige noch Zeit hat, so für seine Ideen zu werben, desto mehr wird er für die Kirche verändern und seinen Nachfolger festlegen.«[62]

Das Thema Homosexualität, die Segnung gleichgeschlechtlich Lebender und Liebender, aber auch die Frage des Sakramentenempfangs für wiederverheiratete Geschiedene bleibt. Es bedarf weiterer Klärungen. Dass der neue Papst nach diesbezüglichen Äußerungen ausgeforscht wird, verwundert nicht. Dabei gab es schon kritische Stimmen zu früheren Positionen seinerseits.

3. Kardinalskritik an Papst Franziskus gab es in allen zwölf Jahren, auch öffentlich, längst nicht nur hinter verschlossenen Türen: Kritik an seinem Regierungsstil, an einzelnen Entscheidungen – oft auch anonym gespielt, etwa unter dem Pseudonym »Demos II« in Anspielung auf eine unter »Demos I« verbreitete Fundamentalkritik des inzwischen verstorbenen australischen Kardinals George Pell am Pontifikat von Franziskus. »Demos II« formulierte: »Ein autokratischer, zuweilen nachtragend wirkender Regierungsstil; eine Nachlässigkeit in Fragen des Rechtes; eine Intoleranz selbst gegenüber respektvoll geäußerten Differenzen, und – was am schwersten wiegt – ein Muster der Mehrdeutigkeit in Fragen des Glaubens und der Moral, was zu Verwirrung unter den Gläubigen führt. Verwirrung wiederum befördert Spaltung und Konflikte. (...) Das Ergebnis ist eine Kirche, die heute stärker gespalten ist, als sie es in ihrer jüngsten Geschichte jemals war.« Die Aufgabe des kommenden

Pontifikats bestehe darin, »jene Wahrheiten zurückzugewinnen und wiederherzustellen, die unter vielen Christen langsam verdunkelt wurden oder verloren gegangen sind«. Das mutet reichlich apokalyptisch-fatalistisch an – und ist für den neuen Papst bereits ein Wink mit dem Zaunpfahl. Eindeutigkeit wird geordert und Disziplin.

Die Art und Weise, wie etwa die Kardinäle Walter Brandmüller, Raymond Leo Burke, Gerhard Ludwig Müller oder Robert Sarah mit Papst Franziskus umsprangen, ihn öffentlich vorführten, schadete der Kirche. Nicht weil Meinungsverschiedenheiten nicht legitim wären, aber weil ihre Kommentare und Einlassungen Respekt vermissen ließen. Ironie mag ein Stilmittel sein. Der Stil solcher Auseinandersetzungen muss sich künftig ändern. An einer Feedback-Kultur ist zu arbeiten, Grenzen sind aufzuzeigen – auch denen, die meinen, exklusiv im Besitz der Wahrheit zu sein. Von seinem Naturell her verspricht Leo XIV., hier anders vorzugehen als sein Vorgänger.

4. Synodalität auf Dauer stellen – das ist nicht nur ein Thema des Synodalen Wegs in Deutschlands. Der weltweite synodale Prozess ist vielleicht das inhaltlich stärkste und wirksamste Erbe, das er hinterlässt. Rechenschaftspflicht durch Bischöfe, Transparenz und Qualitätskontrolle – daran musste nicht nur ein Kardinal Robert Francis Prevost als Leiter des Dikasteriums für die Bischöfe interessiert gewesen sein. Das hat das Abschlussdokument der Weltsynode vom Oktober 2024 der gesamten Kirche ins Stammbuch geschrieben. Dass Franziskus dann auf ein eigenes Nachsynodales Schreiben verzichtet, sich mit dem Abschlussbericht solidarisiert und nach Protesten oder kritischen Rückfragen eine eigene Note nachgeschoben hat, mit der er den Synthesebericht als Teil des päpstlichen Lehramtes bezeichnet hat, bringt Sprengstoff.

In seinem Grußwort zum Abschluss der zweiten Session der Weltsynode am 26. Oktober 2024 sagte er, auf ein Gedicht von Madeleine Delbrêl (»der Mystikerin der Peripherien«) Bezug nehmend (»Vor allem, seid nicht starr«):

»Diese Verse können die Hintergrundmusik sein, mit der wir das *Schlussdokument* aufnehmen. Und jetzt, im Lichte dessen, was auf dem synodalen Weg herausgekommen ist, gibt es und wird es Entscheidungen geben, die getroffen werden müssen. In dieser Zeit der Kriege müssen wir Zeugen des Friedens sein, auch indem wir lernen, dem Miteinander der Unterschiede eine reale Form zu geben. Aus diesem Grund beabsichtige ich nicht, ein ›apostolisches Schreiben‹ zu veröffentlichen, es reicht das, was wir approbiert haben. Das *Dokument* enthält bereits sehr konkrete Hinweise, die eine Orientierungshilfe für die Mission der Kirchen auf den verschiedenen Kontinenten und in den unterschiedlichen Kontexten sein können: Deshalb stelle ich es allen sofort zur Verfügung, deshalb habe ich gesagt, dass es veröffentlicht werden soll. Ich möchte auf diese Weise den Wert des abgeschlossenen synodalen Weges anerkennen, den ich mit diesem *Dokument* dem heiligen und gläubigen Volk Gottes übergebe. Bezüglich einiger Aspekte des kirchlichen Lebens, die in dem *Dokument* genannt werden, sowie bezüglich der Themen, die den zehn ›Studiengruppen‹ anvertraut wurden, die frei arbeiten sollen, damit sie mir Vorschläge unterbreiten, braucht es Zeit, um zu Entscheidungen zu gelangen, die die ganze Kirche miteinbeziehen. Ich werde also weiterhin auf die Bischöfe und die ihnen anvertrauten Kirchen hören. Das ist nicht die klassische Methode, Entscheidungen auf unbestimmte Zeit zu verschieben. Es ist das, was dem synodalen Stil entspricht, mit dem auch das Petrusamt ausgeübt werden muss: zuhören, versammeln, unterscheiden, entscheiden und bewerten. Und bei diesen Schritten sind Pausen, Stille und Gebet notwendig. Es ist ein Stil, den wir gerade gemeinsam lernen, Stück für Stück. Der Heilige Geist ruft uns und unterstützt uns bei diesem Lernprozess, den wir als einen Prozess der Umkehr verstehen müssen.«[63]

Franziskus hat damit ein neues *Genus litterarium* geschaffen. Aber wer hätte sich für das Abschlussdokument noch interessiert, wenn in den Monaten darauf – man konnte mit Frühjahr 2025 rechnen – ein Nachsynodales Schreiben aus seiner Feder gefolgt wäre? Er hat sich den gesamten Text, über den Absatz für Absatz abgestimmt wurde, zu eigen gemacht und sich damit, so meine Lesart, solidarisiert. Rechtlich wertlos, wie manche Bedenkenträger umgehend meinten?

Dann jedoch, vier Wochen später, veröffentlichte der Vatikan ein mit 24. November 2024 unterzeichnetes, tags darauf veröffentlichtes Begleitschreiben (*Nota di accompagnamento*) und stellte darin fest, dass das Schlussdokument Teil des ordentlichen Lehramtes der Kirche ist. Wörtlich heißt es:

»Der synodale Weg, der in den Ortskirchen begann, durchlief die nationalen und kontinentalen Phasen und mündete in die Feier der Synodenversammlung der Bischöfe in den beiden Sitzungen im Oktober 2023 und Oktober 2024. Jetzt wird der Weg in den Ortskirchen und ihren Zusammenschlüssen fortgesetzt, wobei das Abschlussdokument berücksichtigt wird, das am 26. Oktober von der Versammlung in allen Teilen abgestimmt und verabschiedet wurde. Auch ich habe es angenommen und mit meiner Unterschrift seine Veröffentlichung angeordnet, indem ich mich dem ›Wir‹ der Versammlung anschließe, die sich durch das Abschlussdokument an das heilige, treue Volk Gottes wendet. (…) Das Abschlussdokument gehört zum ordentlichen Lehramt des Nachfolgers Petri (vgl. EC 18 § 1; KKK 892), und ich bitte, es als solches anzunehmen. Es stellt eine Form der authentischen Lehre des Bischofs von Rom dar, die zwar neuartige Züge hat, aber im Wesentlichen dem entspricht, was ich am 17. Oktober 2015 präzisiert habe, als ich erklärte, dass die Synodalität der angemessene Interpretationsrahmen für das hierarchische Amt ist.

Bei der Annahme des Dokuments am 26. Oktober sagte ich, dass es ›nicht strikt normativ ist‹ und ›seine Anwendung verschiedene Vermittlungen erfordern wird‹. Das bedeutet jedoch nicht, dass es die Kirchen nicht schon jetzt dazu verpflichtet, Entscheidungen zu treffen, die mit den darin enthaltenen Hinweisen übereinstimmen. Die Ortskirchen und die Zusammenschlüsse von Kirchen sind jetzt aufgerufen, die maßgeblichen Hinweise des Dokuments in den jeweiligen Kontexten umzusetzen, durch Prozesse des Unterscheidens und Entscheidens, die sowohl vom Kirchenrecht als auch vom Dokument selbst vorgesehen sind. (…)

Der Abschluss der XVI. Ordentlichen Generalversammlung der Synode der Bischöfe bedeutet nicht das Ende des synodalen Prozesses. Hier bekräftige ich nachdrücklich, was ich am Ende des synodalen Prozesses gesagt habe, der zur Verkündigung von Amoris laetitia (19. März 2016) führte: ›Nicht alle lehrmäßigen, moralischen oder pastoralen Diskussionen müssen durch Eingriffe des Lehramtes gelöst werden. Natürlich ist in der Kirche eine Einheit der Lehre und der Praxis notwendig, aber das hindert nicht daran, dass es unterschiedliche Weisen gibt, einige Aspekte der Lehre oder einige daraus resultierende Konsequenzen zu interpretieren. Dies wird so lange geschehen, bis der Geist uns zur vollen Wahrheit führt (vgl. Joh 16,13), also bis er uns vollständig in das Geheimnis Christi einführt und wir alles mit seinem Blick betrachten können. Zudem können in jedem Land oder jeder Region stärker inkulturierte Lösungen gesucht werden, die auf Traditionen und lokale Herausforderungen Rücksicht nehmen‹ (AL 3). (…) Das Abschlussdokument enthält Hinweise, die – im Licht seiner grundlegenden Ausrichtung – bereits jetzt in den Ortskirchen und Zusammenschlüssen von Kirchen berücksichtigt werden können, unter Berücksichtigung der jeweiligen Kontexte, dessen, was bereits erreicht wurde, und dessen, was noch zu tun ist, um den eigenen Stil der synodalen missionarischen Kirche immer besser zu erlernen und zu entwickeln. In vielen Fällen geht es darum, tatsächlich das umzusetzen, was im geltenden Kirchenrecht, im lateinischen wie im orientalischen, vorgesehen ist. In anderen Fällen kann durch ein synodales Unterscheiden und im Rahmen der im Abschlussdokument genannten Möglichkeiten kreativ neue Formen des Dienstes und des missionarischen Handelns aktiviert werden, indem Erfahrungen gesammelt und überprüft werden. Bei den Ad-limina-Besuchen wird jeder Bischof darauf achten, welche Entscheidungen in seiner Ortskirche im Hinblick auf das Abschlussdokument getroffen wurden, welche Schwierigkeiten aufgetreten sind und welche Früchte erzielt wurden.«[64]

Eine neue Form päpstlichen Lehrens hat Franziskus damit initiiert – das Thema gehört also keineswegs der Geschichte an. Wer Angst hatte, dem synodalen Prozess könnte ein ähnliches Schicksal drohen wie hierzulande der Würzburger Synode (1971/75), die zwar großartige Texte produziert hatte, die aber mit dem plötzlichen Tod von Kardinal Julius Döpfner (1976) in gewisser Weise begraben wurden und weitgehend wirkungslos blieben, spitzte die Ohren, als Franziskus vom Krankenbett in der Gemelli-Klinik aus im März 2025 die Anweisung gab, dass der synodale Debattenprozess um weitere drei Jahre bis 2028 verlängert wird. Dann soll es eine Art Generalversammlung (*Assembla ecclesiale*) geben, die sichtet und evaluiert, wie Kardinal Mario Grech in einem Brief an alle Bischöfe mitteilte.[65]

Das Signal war eindeutig: Heikle Themen wie der Diakonat für Frauen oder eine Öffnung des Priesteramtes für *viri probati* dürfen nicht in eine frustrierende Endlosschleife geraten, die Dynamik des synodalen Prozesses würde so verpuffen. Die Frage, wie die bis Mai 2025 ausgelagerten Themen in den synodalen Prozess wieder integriert werden, war damit ansatzweise beantwortet.

Einüben, forcieren, kultivieren, etablieren, auf Dauer stellen: In meiner Volksschulzeit hießen Verben noch Tunwörter. Deswegen: Synodalität muss praktiziert werden! Tun heißt anwenden: also einüben – und dabei Erfahrungen sammeln. Nach denen, wie das Schlussdokument vom Oktober 2024 festhält, auch nachgefragt werden wird – bei *Ad-limina*-Besuchen der Bischöfe in Rom und bei anderen Gelegenheiten. Darauf können sich Beteiligte und Interessierte berufen. »Transparenz, Rechenschaftspflicht und Evaluierung« – ein ganzer Abschnitt (Nr. 95 bis 102) handelt davon. Das Synodensekretariat wird darüber wachen, wie die Dinge vor Ort weitergehen. Eine »Kultur der Synodalität« braucht selbstverständlich Zeit. Evident ist, dass die Gruppendynamik der Synodalen an den viel beachteten runden Tischen in der Synodenaula sich nicht eins zu eins übertragen lässt auf die lokalen Ebenen der Diözesen. Genauso wenig, wie sich das »Gespräch im Geist« für jede anstehende Frage eignet. Aber es braucht ähnliche Erfahrungen, auch wenn sie in der in Rom erlebten Dichte und Intensität nicht möglich sind. Alles ad acta legen – das geht jedoch gar nicht!

Im Sinne einer ignatianischen Wiederholungsübung lohnt es sich, sich die verschiedenen Etappen vor das geistige Auge zu holen. Texte vielleicht erneut zu lesen und darin das eine oder andere Übersehene zu entdecken: die Eröffnungsrede von Papst Franziskus vom Oktober 2021; die Arbeitsdokumente (*Instrumentum laboris*) vom Mai 2023 und vom Mai 2024; die Schlussberichte vom Oktober 2023 und vom Oktober 2024; dazu die nationalen Synthesen, wenigstens die deutsche und die österreichische. Letztere zitierte eingangs mit einem gewissen Realismus eine Beobachtung, die es auf den Punkt bringt: »Eine Kirche, die Synoden abhält, ist noch keine synodale Kirche. Als solche können wir uns erst bezeichnen, wenn der Alltag der Kirche auf allen Ebenen (...) von einem synodalen Stil geprägt ist.« Dazu die Festrede von Papst Franziskus am 17. Oktober 2015 zum 50-Jahr-Jubiläum der Bischofssynode, die er während der Familiensynode 2014/15 im Oktober 2015 hielt – als Begleitlektüre dazu den Vortrag von Kardinal Christoph Schönborn; den Jubiläumsvortrag von Hermann Josef Pottmeyer in Fulda während der Herbstkonferenz der DBK 2017 (»Synodalität ist ein Programmwort im Pontifikat von Franziskus«); das Dokument *Die Synodalität in Leben und Sendung der Kirche* der Internationalen Theologenkommission (2018) – ganz zu schweigen von den auf den Websites der Deutschen Bischofskonferenz (www.dbk.de/themen/bischofssynoden/bischofssynode-synodale-kirche-2021-2024) oder der Österreichischen Bischofskonferenz versammelten einzelnen Schritte oder von der Website der Bischofssynode, die in drei Sprachen Texte und Anregungen, Dokumente, Beschlüsse (und deren Abstimmungsergebnisse), Quellen, Informationen und Links parat halten – hier wurde maximale Transparenz praktiziert.

Schon in seinem Apostolischen Schreiben *Evangelii gaudium* (2013) hatte sich Franziskus betont nüchtern gegeben: »Ich weiß sehr wohl, dass heute die Dokumente nicht dasselbe Interesse wecken wie zu anderen Zeiten und schnell vergessen werden.« (EG 25) Zigmal hat er seit 2021 betont, dass Synodalität keine Strategie oder eine Taktik ist. Dass sie nicht mit Demokratie verwechselt werden darf. Dass es dabei nicht um parlamentarische Abstimmungen geht. In seiner Autobiografie *Hoffe* stehen die Bemerkungen:

> »Synodalität ist keine Mode und kein Slogan, den man für seine Zwecke instrumentalisiert: Es geht dabei vielmehr um eine Dynamik wechselseitigen Zuhörens auf allen Ebenen, wobei das gesamte Gottesvolk mitwirkt. Und es geht auch nicht darum, Meinungen zu sammeln oder Umfragen zu starten, sondern darum, die Ohren zu spitzen, um den Hauch des Heiligen Geistes zu hören, der Krisen auslöst, Überraschungen bringt, Türen und Fenster aufreißt, Mauern zum Einstürzen bringt, Ketten sprengt und Grenzen wegwischt.«[66]

Es geht also um einen bestimmten Stil. Synodalität zielt auf eine Haltung ab, die mit einer neuen ekklesiologischen Einstellung zu tun hat. Dafür warb der Papst pausenlos. Natürlich hat das – aber erst in zweiter Linie – Konsequenzen für das Machtgefüge. Vieles wird in der Folge neu justiert werden müssen, was nicht heißt: künstlich hingebogen – im Kirchenrecht ebenso wie dogmatisch. Der Papst ist dazu, was den im Vatikanum I (1869/70) festgezurrten Primat anbelangt, bereit. Sind es die Bischöfe, die das Vatikanum II (1962 bis 1965) zu »kleinen Päpsten« gemacht hat? Das Schlussdokument der 16. Generalversammlung der Bischofssynode legt zum Beispiel eine »Neulektüre« (Nr. 137) über den Primat nahe.

Inhaltlich ist der Begriff aus meiner Sicht längst gefüllt. Aber es geht nicht nur um eine intellektuelle Aneignung, sondern auch um eine emotionale.[67] Der weltweite synodale Prozess ist in seiner Umsetzungsphase vor Ort, in den einzelnen Diözesen, angekommen. Was jetzt weltweit ansteht, ist also die Implementierung und Anwendung! »Der synodale Prozess endet nicht mit dem Abschluss der aktuellen Versammlung der Bischofssynode«, so das Schlussdokument, »sondern umfasst auch die Umsetzungsphase. Als Mitglieder der Versammlung fühlen wir uns verpflichtet, sie als synodale Ausgesandte in den Gemeinden, aus denen wir kommen, zu fördern. Die Ortskirchen sind gebeten, ihren täglichen Weg mit einer synodalen Methodik der Beratung und des gegenseitigen Zuhörens fortzusetzen« (Nr. 9). Die Synode endete, aber Synodalität als »konstitutive Dimension der Kirche« (Nr. 12) muss jetzt vor Ort weitergeführt, praktiziert und gelebt werden. In der Liturgie etwa (Nr. 27) oder bei Diözesansynoden (Nr. 108) soll das sichtbar werden.

Dezentralisierung heißt konkret: Ortsbischöfe können jetzt aktiv werden. Warum auf eine (ohnehin eher selten zu erreichende einhellige) Meinungsbildung in den Bischofskonferenzen warten und nicht Möglichkeiten und Spielräume ausschöpfen? Auch hier gilt: Anwenden heißt tun! Implementierung bedeutet nicht nur akademische Aneignung oder das Produzieren neuer Texte. Ich stimme Moritz Findeisen zu, wenn er in seiner Analyse des Schlussdokuments darauf hinweist, dass der gemeinsame Glaubenssinn der Getauften »als untrügliches Gespür in Fragen des Glaubens einmal mehr bewundert« werde, »um ihn sogleich wieder hierarchisch einzuhegen«, wenn darauf verwiesen ist, dass die »Ausübung des sensus fidei« nicht verwechselt werden dürfe »mit der öffentlichen Meinung« und dass er immer »in Verbindung mit dem Urteilsvermögen der Hirten«[68] einhergehen müsse.

Da Synodalität »kein Selbstzweck« (Nr. 32) ist, müssen sich alle fragen (lassen), wie das geht: Kirche, die partizipativer und missionarischer aufgestellt ist – auf allen Ebenen. Dafür braucht es jetzt Multiplikatoren, die Erfahrungen auf Diözesan- und Pfarrebene anregen, begleiten und weiterführen. Der Ball liegt also bei den Bischöfen. Das Schlussdokument regt an, dafür »Personal und Ressourcen bereitzustellen, um den Weg des Wachstums als synodale Kirche in der Sendung zu begleiten und den Kontakt mit dem Generalsekretariat der Synode aufrechtzuerhalten«. Und weiter: »Wir bitten das Sekretariat, weiterhin über die synodale Qualität der Arbeitsmethode der Studiengruppen zu wachen« (Nr. 9).

Die Weltsynode als Lernweg, so war ein Artikel von Bischof Michael Gerber und Igna Kramp, Leiterin der geistlichen Prozessbegleitung im Bistum Fulda, im Oktober 2024 überschrieben.[69] Eine Banalität? Keineswegs. Es ist davon auszugehen, dass Kardinal Jean-Claude Hollerich als Generalrelator der Weltbischofssynode und Kardinal Mario Grech als Generalsekretär der Bischofssynode zusammen mit Nathalie Becquart nicht locker lassen – und sie wissen, dass Europa weniger Begeisterung für das Projekt Synodalität zeigt als andere Kontinente. »Was es jetzt umso mehr braucht«, so Findeisen weiter, »sind mutige Tänzerinnen und Tänzer auf dem synodalen Parkett«.[70] Die Glaubwürdigkeit des synodalen Prozesses, den die Kirche weltweit eingeschlagen hat, wird auch daran zu messen sein. »Die Wertschätzung von Kontexten, Kulturen und Verschiedenheiten sowie der Beziehungen zwischen ihnen ist der Schlüssel, um als synodal-missionarische Kirche zu wachsen« (Nr. 39): Dieser Satz ist ein Schlüsselsatz im Schlussdokument, weil er Pluralität und Diversität positiv wertet und als Chance sieht – dort, wo früher mit Berufung auf »Einheit« vor Experimenten gewarnt wurde.

»Einen Weg gemeinsam zu gehen«, so Franziskus in *Hoffe*, »bedeutet, dass die Linie, die man beschreibt, horizontal verläuft und nicht vertikal. Die synodale Kirche stellt den Horizont wieder her, an dem die Sonne Christus aufgeht. Würden wir hierarchische Monumente errichten, würden wir diesen Horizont verstellen. Denn die wahren Hirten gehen den Weg gemeinsam mit dem Volk: manchmal ihm voran, dann wieder mittendrin oder hinterher. Sie gehen voraus, um zu führen. Sie gehen mittendrin, um die Menschen zu ermutigen und den Geruch der Herde nicht zu verlieren. Und wenn sie hinterhergehen, dann liegt das daran, dass das Volk einen ›Riecher‹ hat für neue Wege. Manchmal führt uns dieser Instinkt auch zurück auf die richtige Straße, wenn wir uns verirrt haben.«[71] Synodalität praktizieren – das ist das Gebot der Stunde. Womit wir wieder einmal bei Karl Rahners »Tutiorismus des Wagnisses« wären.

Leo XIV. wird hier als gelernter Kirchenrechtler seine Expertise einbringen und klären können. »Wir wollen eine synodale Kirche sein«: Dass er am ersten Abend auf der Loggia nach seinem Gruß an seine ehemalige Diözese Chiclayo in Peru diesen Wunsch äußerte, war nicht nur eine Referenz an seinen Vorgänger. Er nahm damit von Anfang an ein Programmwort auf.

Das Konklave vom Mai 2025

»Ein präsenter Hirte, der nah bei den Menschen ist, soll es werden«,[72] hieß es zwei Tage vor Konklavebeginn. Die Kardinäle hatten einmal mehr im Vorkonklave über das Anforderungsprofil eines neuen Papstes beraten, das sich immer mehr schärfte. Aber wer würde diesem genügen können? Dass der neue Papst »kein zweiter Franziskus«[73] (Kardinal Vincent Nichols, Erzbischof von Westminster) sein kann und erst seinen eigenen Stil finden muss, ist zwar eine Selbstverständlichkeit, aber es war gut, das in Erinnerung zu bringen. Der Druck ist enorm, die Spekulationen sind teils abartig. Der Jesuitenkardinal Michael Czerny betonte am Vorabend des Konklaves, es werde nicht ein »Papst nach Franziskus« gewählt, es gehe im Konklave um den »Nachfolger von Petrus«: »Das ist der Papst von 2025, nicht eine Fortsetzung von 2013.«[74]

Andrea Riccardi, Mitbegründer der Laiengemeinschaft Sant' Egidio, machte bereits 2021 den Vorschlag:

> »So, wie die Feier des Konklaves heute aufgebaut ist, bräuchte man allerdings längere Fristen, einen größeren Abstand vom Druck der Medien und im Vorfeld mehr als die bislang üblichen, zeitlich knapp bemessenen Generalkongregationen. (…) Die zum Konklave versammelten Purpurträger müssen die Gelegenheit haben, ihre Überzeugungen und Entscheidungen spirituell und persönlich reifen zu lassen, einander kennenzulernen und die Probleme im geschützten Raum der Kardinalsversamm-

> lung brüderlich zu debattieren. Wäre es nicht vielleicht ratsam, die ›Klausurzeiten‹ zu verlängern, damit fernab vom Druck der Medien und der Hektik der Außenwelt in einem Klima der Spiritualität und sachlichen Problemdiagnose eine echte Auseinandersetzung und ein besseres Kennenlernen stattfinden können? Wenn die Kardinäle mehr Zeit hätten, den Papst zu wählen, wäre das kein Zeichen einer Spaltung der Kirche, sondern Ausdruck eines ernsthaften Abwägens.«[75]

Diese Hinweise zeigen auch, wie groß die Verantwortung der Wahlmänner ist. Sie lastet auf jedem Einzelnen mehr oder weniger schwer. Mindestens zwei konklaveberechtigte Kardinäle, Matteo Zuppi, der Erzbischof von Bologna, und Jean-Marc Aveline, der Erzbischof von Marseille, stehen der Gemeinschaft Sant'Egidio sehr nahe.

Was Pressesprecher sagen – und was nicht

Montag, 5. Mai, kurz nach 10 Uhr morgens: Bei Nieselregen und mit leichter Verspätung, da das Flugzeug großräumig heftige Gewitter umfliegen musste, landete ich mit einer Lufthansamaschine in Rom, um auf Einladung des *Zweiten Deutschen Fernsehens* als Kommentator zur Verfügung zu stehen und so das Team um Jürgen Erbacher, Leiter der *ZDF*-Redaktion »Religion und Leben«, Autor und viel beachteter Blogger (*Papstgeflüster – Das Vatikan-Blog: Interessantes und Hintergründe aus dem Vatikan*), zu unterstützen. In München hatte es sieben Grad Celsius gehabt und geregnet, in Rom gab es 20 Grad. Untergebracht in der Residenza San Pietro Canisio, einer Jesuitenkommunität in unmittelbarer Nachbarschaft der Jesuitenkurie und wie diese extraterritorial, begegnete ich am nächsten Morgen beim Frühstück prompt dem dort lebenden Jesuitenkardinal Michael Czerny, Präfekt des Dikasteriums für die ganzheitliche Entwicklung des Menschen. Wir wechselten ein paar Worte. Seine Eltern emigrierten 1948 mit dem zweijährigen Sohn aus Brünn (Tschechoslowakei) nach Kanada, seine Großmutter mütterlicherseits war im KZ Auschwitz gestorben, seine Mutter im KZ Theresienstadt inhaftiert. Sein Vater musste Zwangsarbeit leisten, da er sich weigerte, sich von seiner Frau zu trennen. Was für eine Familiengeschichte!

Czerny und der peruanische Kardinal Carlos Castillo Mattasoglio, der Erzbischof von Lima, der während der Generalkongregationen in dieser Jesuitenkommunität untergekommen war, übersiedelten im Laufe des Tages ins Gästehaus Santa Marta, wie alle inzwischen längst in Rom eingetroffenen 133 wahlberechtigten Kardinäle. Dass ich auch gleich dem Generaloberen der Jesuiten, Arturo Sosa, über den Weg lief, als ich mich in der Krankenabteilung nach einem Medikament erkundigte, war ein purer, aber schöner Zufall.

Am ersten Abend hörte ich kurz nach 8 Uhr in der Sala Stampa dem vatikanischen Pressesprecher Matteo Bruni zu, der über die 11. Generalkongregation berichtete. Viel Worte, wenig Inhalt. Sein großes Talent: Nachfragen geschickt auszuweichen. Journalisten konnten bohren, wie sie wollten, was er nicht sagen wollte, sagte er nicht. Dass alle Kardinäle in Santa Marta, wo es weniger Zimmer gibt als wahlberechtigte Kardinäle, oder im benachbarten Alt-Santa-Marta-Gästehaus untergebracht sind, dass sie ihre Mobiltelefone und andere Kommunikationsmittel abgeben müssen, bevor sie in die Sixtina einziehen, dass die einen Kardinäle mit einem kurzen, andere mit einem längeren Konklave rechneten, waren keine großen Neuigkeiten. Angefangen vom Tiberufer hatten Kamerateams aus aller Welt auf der Via della Conciliazione ihre TV-Stationen aufgebaut. Wo ein Kardinal auftauchte, stürzten sich Schwärme von Journalisten auf ihn, um ihm »exklusive« Informationen abzupressen. Seltsam kam mir das vor. Plötzlich sah ich den polnischen Kardinal Konrad Krajewski. Niemand kümmerte sich um ihn, da er nur ein schwarzes, kurzärmliges Kollarhemd und einen Pulli trug – er wusste wohl, dass er seine Ruhe hat, wenn er nicht in Soutane über den Petersplatz marschiert. Der frühere Münchener Generalvikar Peter Beer und der Jesuit Hans Zollner vom Safeguarding-Institut der Gregoriana machten sich für klarere Kriterien für Päpste und ihre Wähler stark. Ich dachte: »Es ist alles gesagt, nur noch nicht von allen.«

Mein letzter Gedanke, als ich nach 18 Stunden erschöpft ins Bett sank: Wenn du nach München zurückfliegst, gibt es einen neuen Papst. Vier, vielleicht fünf Tage lang wird ein bestimmter Kardinal noch ruhig schlafen können, danach ändert sich der Rest seines Lebens total, wenn er zum Bischof von Rom gewählt worden ist.

Der Heilige Geist als Souffleur?

Der einflussreiche US-amerikanische Autor und Publizist George Weigel veröffentlichte bereits 2020 sein Buch *The Next Pope*. Es war noch im Erscheinungsjahr auch in deutscher Sprache erhältlich. Er erstellte darin auch ein Profil des kommenden Papstes. Tenor, mit der Attitüde eines besorgten Katholiken: »Der nächste Papst muss …« oder: »Der nächste Papst wäre gut beraten …«.[76] Gewiss kannten es manche Kardinäle im Konklave 2025 und teilten auch die eine oder andere Sorge um den künftigen Kurs der Kirche, den ein Papst maßgeblich bestimmt. Autoren und Kardinäle vergessen aber manchmal, dass es vielleicht auch noch jemand anderen gibt, der bei einer Papstwahl eine Rolle spielt (wenn man ihn denn lässt): den Heiligen Geist. Der ist oft anderer Ansicht als so mancher von sich selbst überzeugte Prophet oder kirchliche Analytiker.

Auch wenn manche gelegentlich etwas despektierlich von einem »Heilig-Geist-Spektakel« sprechen, so als ob der Heilige Geist im Konklave den Kardinälen die Lösung zuraunt oder gar (in der Rolle des Souffleurs sozusagen) diktiert, darf man nicht vergessen, was Kardinal Joseph Ratzinger 1997 im Gespräch mit dem Generalintendanten der Bayerischen Staatsoper, August Everding, in Erinnerung rief, danach befragt, ob er wirklich glaube, dass der Heilige Geist bei einer Papstwahl mitwirke oder ob es nur »menschelt«: »Ich würde nicht sagen in dem Sinn, dass der Heilige Geist den jeweiligen Papst heraussucht, denn da gibt es zu viele Gegenbeweise, da waren doch viele da, die der Heilige Geist ganz evident nicht herausgesucht hätte. Aber dass er insgesamt die Sache nicht aus der Hand lässt, uns sozusagen wie ein guter Erzieher an einem sehr langen Band lässt, sehr viel Freiheit lässt, aber es nicht ganz abschnappen lässt, das würde ich schon sagen. Das wäre also in einem viel weitläufigeren Sinn aufzufassen und nicht so, dass er sagt, jetzt habt ihr den zu wählen. Wohl aber lässt er nur das zu, was die Sache nicht total zerstören kann.«[77]

Der Hollywood-Thriller *Konklave* lief ab November 2024 in den deutschen und österreichischen Kinos. Der Film war aufgrund des Alters von Franziskus von besonderer Brisanz. Sein nahender Tod hat allein in Deutschland insgesamt eine Million Besucher in die Kinos gezogen. Intrigen, Machenschaften, Sexskandale, Bestechung – der Film bietet alles, was sich die (un-) fromme Fantasie vorstellen mag. Was Wunder, dass im April und Mai 2025 das Wettgeschäft vor dem Konklave regelrecht boomte – ein veritables Papstwahl-Karussell.

Der Countdown beginnt: Von Santa Maria Maggiore in den Petersdom – und ein Blick in die Sixtina

Der Countdown begann am 7. Mai. Am Morgen war ich sehr früh wach. Es hielt mich nicht mehr im Bett, und so beschloss ich spontan, mich zum römischen Hauptbahnhof aufzumachen. Bei Franziskus vorbeischauen, an seinem Grab für eine gute Wahl beten – keine große »heilige Eingebung«, aber ein spontaner Gedanke. Denn das Konklave erlebe ich nur von außen. An der Bushaltestelle in der Via Acciaioli wartete auch ein Filipino mit seinen drei Kindern, die er in die Schule brachte: »Tagle!«, schoss es aus ihm heraus, als ich mich dazustellte. Mit der Linie 64 ging es zur Endstation Termini. Von dort sind es fünf Minuten zur Marienbasilika Santa Maria Maggiore. Einlass an der Heiligen Pforte ist um 7 Uhr – nach ein paar Schritten stand ich am schlichten Grab: »FRANCISCVS«, in lateinischen Großbuchstaben – sonst nichts. Ich genierte mich nicht dafür, sofort feuchte Augen zu bekommen. Wer an diesem Grab steht, muss sich sagen: Wie hat dieser Papst doch die Kirche verändert! Wie unwirklich kam es mir vor, dass er vor 17 Tagen gestorben ist.

Es war gut, dass ich mich auf diese Weise von Papst Franziskus verabschieden konnte. Auf dem Rückweg wurde ich ruhiger. Nach einem kurzen Interview mit dem *ORF* ging ich in den Petersdom. Um 10 Uhr zogen die Kardinäle ein, ich sah die drei deutschen Wahlmänner Reinhard Marx (mit Gehstock), Gerhard Ludwig Müller und Rainer Maria Woelki. Auch Kardinal Walter Kasper war, wie andere emeritierte Kardinäle, dabei. »Missa pro eligendo Romano Pontifice« heißt die Messe vor der Papstwahl. Die Predigt dauerte zehneinhalb Minuten. Wie tags zuvor Czerny erinnerte auch Re daran: »Die Wahl des neuen Papstes ist nicht nur ein einfacher Wechsel von Personen, sondern es ist stets der Apostel Petrus, der zurückkehrt.« Er zitierte Johannes Paul II., dem der Ort – die Wahl wurde bewusst von der Cappella Paolina in die Cappela Sistina verlegt, damit die Kardinäle vor dem von Michelangelo geschaffenen monumentalen Gemälde an der Stirnseite wählen müssen – wichtig war: Michelangelos Fresko des richtenden Christus sollte den Kardinälen die immense Verantwortung ihrer Entscheidung vor Augen führen, mit der sie in Anlehnung an Dantes Worte, die »erhabensten Schlüssel« in würdige Hände legen. In seiner Ansprache rief Kardinal Re zum Gebet für einen Papst »nach dem Herzen Gottes« auf – einen Hirten, der in einer technologisch fortschrittlichen, aber spirituell oft orientierungslosen Gesellschaft die Gewissen wecken und die moralischen Kräfte stärken möge. Die moderne Welt, so betonte er, erwarte von der Kirche »die Bewahrung jener grundlegenden menschlichen und geistlichen Werte, ohne die das Zusammenleben der Menschen« weder jetzt noch in Zukunft gelingen könne.[78]

Während die Votivmesse am Vormittag und der Einzug der Kardinäle um 16:30 Uhr noch öffentlich waren, gingen die Wahlmänner anschließend in Klausur, hermetisch von der Außenwelt abgeschottet, nachdem der päpstliche Zeremonienmeister Diego Ravelli die berühmten zwei Worte »Extra omnes« – alle hinaus – gesprochen hatte. Damit waren die 133 Kardinäle wirklich unter sich – und dazu angehalten, jeden Kontakt nach außen zu unterlassen, auch wenn sie in ihrer Unterbringung in Santa Marta zurück oder dorthin unterwegs sind. Was sich hinter den verschlossenen Türen abspielte, blieb wie immer streng geheim. Das konnte sich die ganze Welt vorstellen: Jeder Kardinal schreitet mit dem gefalteten Zettel in der erhobenen Hand, auf den er einen Namen notiert hat, zum Altar und spricht die vorgesehene Eidformel: »Ich rufe Christus, der mein Richter sein wird, zum Zeugen an, dass ich gewählt habe, von dem ich glaube, dass er nach Gottes Willen gewählt werden soll.« Dann lässt er seinen Wahlzettel von einem Teller in die Wahlurne rutschen – mit Blick auf den Eingang zur Hölle auf Michelangelos »Jüngstem Gericht«.

(K)ein schwarzer Rauch?

Die erste größere Überraschung gab es schon beim ersten Wahlgang am Mittwochabend. Weil es von 17:45 bis exakt 21 Uhr dauerte, bis schwarzer Rauch eine erfolglose Wahl signalisierte, gab es bereits Spekulationen, ob es überhaupt einen ersten Wahlgang gegeben habe. Nach dem »Extra omnes« hatte der ehemalige päpstliche Hausprediger und Kapuziner Raniero Cantalamessa, den Franziskus 2020 zum Kardinal gemacht hatte, der aber wegen seines Alters (er ist Jahrgang 1934) nicht mitwählen konnte, noch einen (mutmaßlich längeren) geistlichen Impuls gegeben – wie lange und was er sagte, erfuhr die Öffentlichkeit nicht.

Für die Wahl des 267. Papstes waren diesmal 89 Stimmen nötig – das war die erforderliche Zweidrittelmehrheit. Mehr als 45.000 Menschen warteten auf dem Petersplatz, Hauptattraktion waren einzelne Möwen, die sich auf dem Ziegeldach neben dem berühmtesten Kamin der Welt niederließen – und ein Helikopter, der über eine Stunde lang seine Kreise über Rom, außerhalb des Territoriums des Vatikans, zog. Auch als einzelne Wartende auf dem Petersplatz, der Piazza Papa Pio XII und der Via della Conciliazione gegen 20 Uhr zu klatschen begannen – 20 Uhr ist die Primetime für italienische Nachrichtensendungen – und mehrmals einen Applaussturm auslösten, um ein »Rauchzeichen« gleichsam zu erzwingen, passierte nichts. Was alle wussten, aber viele nicht wahrhaben wollten: Die in der Sixtina versammelten Kardinäle konnten diese Aufforderung überhaupt nicht hören. Erst eine Stunde später stieg er auf, »Fumata nera« (schwarzer Rauch), was bedeutete, dass am nächsten Tag zwei Wahlgänge vormittags und zwei in der zweiten Tageshälfte angesetzt waren.

Mein Eindruck von diesem Tag: Sowohl die Messe vormittags im Petersdom wie auch der feierliche Einzug der Kardinäle in die Sixtina und die ebenfalls noch im Fernsehen übertragene Eidableistung der 133 Wahlmänner faszinieren weltweit: »Fascinosum et tremendum!« Choreografie und Inszenierung können wir wirklich, dachte ich mir, um das geheimnisumwitterte Ritual des Konklaves werden Katholiken beneidet. Spannend war, was Kardinal Kasper beim Einzug der Kardinäle kommentierte: Dass nun jeder, sobald die Türen verschlossen sind, mit sich allein wäre – die Wahl als Gewissensfrage. Und dass es einer werden müsse, der den Weg von Franziskus weitergeht, ohne Franziskus zu imitieren. Dieser habe die Themen der südlichen Hemisphäre auf den Tisch des Vatikans gebracht. Der neue Papst müsse integrieren und eine breite Mitte stabilisieren können. Vor allem aber gehe es wieder und wieder um Evangelisierung. Simpel gesagt also darum, wie von Gott geredet wird, vor allem in Europa, wo eine gewisse Gottesvergessenheit unübersehbar ist.

Außerdem hallten in mir zwei Hinweise aus der Predigt von Kardinal Re nach: Die Kirche und die Menschheit stünden an einem »schwierigen und komplexen Wendepunkt der Geschichte« – Kriege und politische Krisen, verstärkt durch den Multilateralismus, der auch an der Politik des Vatikans nicht spurlos vorbeigeht. Und zweitens: Der Appell des Kardinaldekans an die Einheit der Kirche, die aber nicht »Uniformität« bedeuten könne. Ganz unterschiedliche Strömungen, Interessen und Reformvorstellungen in der Kirche waren im Vorkonklave offenkundig geworden. Der Ruf nach einem »klaren katholischen Profil«, der aber nicht Rückzug in Burgen und Blasen bedeuten kann, wurde laut – unter traditionsbewussten Kardinälen genauso wie unter Gläubigen, denen Franziskus zu spontan und zu chaotisch war. Dass vieles unvollkommen geblieben ist, lag auf der Hand.

Ob der Kurs von Franziskus fortgesetzt werden soll – ein nahbarer Papst, einer, der auf Menschen zugeht, ein empathischer Hirte? Wo und wie findet sich ein Papst, der dem entspricht und der solche Anforderungen mit seiner Persönlichkeit ausfüllt? Wie hatte doch der irakische Kardinal Louis Raphaël I. Sako gegenüber der römischen Tageszeitung *Il Messagero* gemeint: »Ich denke nicht an den neuen Papst als einen Amtsinhaber, einen Bürokraten. Vielmehr denke ich an einen Mann, der es versteht, sich zu öffnen und auch mit der muslimischen Welt in Dialog zu treten. Meiner Meinung nach müssen die Katholiken den Muslimen helfen, sich in gegenseitigem Respekt zu öffnen.«[79] Ein Brückenbauer muss jeder Papst sein – angesichts globaler Spannungen und Krisen, die geradezu nach einer überzeugenden moralischen Autorität schreien. Propheten fallen aber nicht vom Himmel, auch nicht im Vatikan.

Rosa Rauch oder: Was Frauen Kardinälen sagen wollen

Die Suche nach einem neuen Papst ging also in die nächste Runde. Warten können ist wohl nicht die leichteste aller menschlichen Tugenden, erst recht nicht bei Journalisten. Dass die Rede von Kardinal Cantalamessa unmittelbar vor dem ersten Wahlgang zwölf Seiten umfasste, erfuhr ich aber schon am nächsten Morgen, obwohl ich es nicht wissen dürfte.

Was ich am Vorabend nicht mitbekam: Bevor der schwarze Rauch aufstieg und damit den negativen Ausgang anzeigte, stieg über Rom rosaroter Rauch auf. Aktivistinnen produzierten auf einem Hügel der Stadt in Blick auf den Petersdom mithilfe von Fackeln gefärbten Qualm, um ein Zeichen für mehr Rechte für Frauen in der Kirche zu setzen. Es sollte eine Botschaft an die Kardinäle sein (die davon sicher nichts mitbekamen), dass sie nicht weiterhin 50 Prozent der Kirchenmitglieder ignorieren können. Die Erklärung der Women's Ordination Conference (WOC) lautete: »Die einzigen Frauen, die diese 133 Männer in den nächsten Tagen sehen werden, sind Nonnen, die ihre Zimmer putzen, ihnen Essen servieren und hinter ihnen aufräumen«,[80] sagte Miriam Duignan, die an der Aktion teilnahm und in der Presse einiges Echo auslöste.[81] Das erinnert an eine Szene aus dem Harris-Bestseller *Konklave*, die im Speisesaal spielt: »Die Stimme einer Frau! Das war kaum zu glauben! Entsetzt drehten sich die Kardinäle um und starrten die winzige Gestalt von Schwester Agnes an, die resolut zwischen die Tische trat.« Und dann – in Edward Bergers Verfilmung gespielt von Isabella Rossellini: »›Eminenzen‹, sagte sie. ›Obwohl wir Barmherzigen Schwestern vom heiligen Vinzenz von Paul unsichtbar sein sollen, so hat Gott uns doch Augen und Ohren geschenkt.‹«[82]

Weißer Rauch – nach dem vierten Wahlgang: »Habemus papam!«

Das Warten dauerte an. Auch die beiden Wahlgänge am ersten Vormittag blieben erfolglos – kurz vor 12 Uhr gab es wieder schwarzen Rauch. Und schon wurde darüber spekuliert, ob vielleicht »ein völliger Außenseiter« zum Zug kommen könnte. Einer, der bisher gar nicht im Fokus des Interesses und der Aufmerksamkeit stand.

Am frühen Abend war es dann so weit. In vielen Ländern Europas wurde der 8. Mai als Tag der Befreiung gefeiert, im Gedenken an die bedingungslose Kapitulation der deutschen Wehrmacht und des Kriegsendes, auch wenn der Krieg in Asien noch einige Monate weitertobte, für den Rest der Welt oft nur eine Randnotiz – im August 1945 warfen amerikanische Piloten die ersten beiden Atombomben über Hiroshima und Nagasaki ab. Endlich »fumata bianca« um 18:07 Uhr: Im vierten Wahlgang (wie 2005 bei Joseph Ratzinger, bei Jorge Mario Bergoglio waren es fünf Wahlgänge) hatte Kardinal Robert Francis Prevost eine Mehrheit für sich vereinigen können. Auf dem Petersplatz kündigte unter Aufbrausen von Jubel nicht nur weißer Rauch die erfolgreiche Wahl an. Es läuteten auch die Glocken, die zuletzt am 21. April den Tod von Papst Franziskus verkündigt hatte.

Um 19:23 Uhr öffnete sich der rote Vorhang auf der Mittellogia des Petersdoms unter Jubel. Das nun folgende Ritual ist uralt. Bekannt war, dass der 73-jährige, als Sohn französischer Eltern im marokkanischen Marrakesch geborene, auf Korsika aufgewachsene Kurienkardinal Dominique Mamberti als Kardinalprotodiakon die berühmten Worte auf der Mittellogia des Petersdomes sprechen würde: »Annuntio vobis gaudium magnum: habemus papam«. Nach einer diplomatischen Laufbahn von 2006 bis 2014 Außenminister des Vatikans (»Sekretär für die Beziehungen zu den Staaten«) ist er jetzt Präfekt der Apostolischen Signatur, des obersten Gerichtshofes. Auch am 13. März 2013, als Jorge Mario Bergoglio als Papst Franziskus vorgestellt wurde, war es ein französischer Kardinal, der dieses Amt innehatte: der 2018 verstorbene, brillante Intellektuelle Jean-Louis Tauran, bereits gezeichnet von seiner Parkinsonerkrankung. Auf ihn folgte zwar Renato Raffaele Martino als neuer Protodiakon, der jedoch 2024 verstarb und somit nie zum Zug kam.

»Ich verkünde euch eine große Freude: Wir haben einen Papst!« An dieser Stelle brandet immer minutenlanger frenetischer Jubel auf, wohl nicht nur auf der Piazza San Pietro, sondern weltweit. Dann ging es auf Latein weiter, und alle Welt kannte die Formel, eine Überraschung sollten nur die beiden eingesetzten lateinischen Vornamen und der Familienname sein: »Eminentissimum ac Reverendissimum Dominum, Dominum *Robertum Franciscum* Sanctae Romanae Ecclesiae Cardinalem *Prevost* qui sibi nomen imposuit *Leonem* decimumquartum«.

Der neue Papst: Leo XIV.

Zum neuen Bischof von Rom wählten die Kardinäle am 8. Mai 2025 den US-amerikanischen Kardinal Robert Francis Prevost. Er ist der 267. Nachfolger des Apostels Petrus. Der neue Papst war erst im September 2023 ins Kardinalskollegium aufgenommen worden. Ist er damit automatisch als ein »Franziskus-Mann« einzustufen? Die Geschichte wird es zeigen. Er gilt als diplomatisch und pragmatisch, als von Liberalen wie Konservativen in der Kirche gleichermaßen geschätzter Kardinal, der als Ordensmann international vernetzt ist und mehrere Sprachen spricht.

»Kein amerikanischer Papst« – dieses bisher geltende eiserne Gesetz hat seine Wahl beendet, vielleicht auch, weil er gar nicht so sehr als Nordamerikaner wahrgenommen wird. Seine Ausbildung und Laufbahn als Augustinermönch führten ihn auch nach Rom und Lateinamerika. Er kennt Europa genauso wie die beiden Amerikas. Als Präfekt des Dikasteriums hatte er mit Bischöfen aus allen Kontinenten zu tun. »Zuhören kann er«, hieß es schnell – ein ebenso besonderes wie wünschenswertes Charisma in einer Welt und in der Kirche, wo gern jeder über jeden redet, wo Ausgrenzung und Abschottung auf der Tagesordnung stehen. Probleme des globalen Südens anzusprechen, gleichzeitig europäische Anliegen nach Süden zu kommunizieren, dialogfähig und verbindlich sein zu können, Verständnis zeigen für Andersdenkende, integrativ nach innen wie nach außen wirken – all das kennzeichnet den neuen Papst, der in den kommenden Monaten genau beobachtet und durchleuchtet werden wird.

Im Stil wird er sich von seinem Vorgänger unterscheiden – er trug die rote Sommermozetta und die Prachtstola –, aber die Weichenstellungen seines Vorgängers Franziskus wird er weiterführen: »Wir haben immer noch die schwache, aber immer mutige Stimme von Papst Franziskus im Ohr, der Rom segnet!«

Das erste und stärkste Gefühl weltweit, als realisiert wurde, wen da die Kardinäle zum neuen Papst gewählt hatten, war: Überraschung. Kaum einer hatte damit gerechnet, aus den verschiedensten Gründen. Noch im gleichen Moment begannen die Fragen: Wer ist dieser US-amerikanische Kardinal Robert Francis Prevost? Woher kommt er, was will er, was kann er? Warum hatten die Kardinäle gerade ihn zum 267. Nachfolger des Apostels Petrus gewählt – Prevost war schließlich erst im September 2023 ins Kardinalskollegium aufgenommen worden. Wir Kommentatoren in Rom und Millionen von Gläubigen weltweit begannen zu diskutieren: Was hat seine Wahl zu bedeuten? Ist Leo XIV., ernannt von seinem Vorgänger auf dem Stuhl Petri, automatisch als »Franziskus-Mann« einzustufen? Wieder war es ein Ordensmann geworden, zum ersten Mal allerdings ein Augustiner, auch das ein Fingerzeig? Wo sollte man den Neuen verorten, eher im Lager der Reformer? Und wie würde es sich auf die Weltpolitik auswirken, dass zum ersten Mal ein US-Amerikaner Oberhaupt von 1,4 Milliarden Gläubigen ist – in einer Zeit, in der die USA eine radikale Abkehr von bisherigen politischen Gewissheiten und internationalen Übereinkommen eingeleitet haben. Denn: Ein neuer Papst lenkt nicht nur die katholische Kirche; er nimmt auch Einfluss auf die Geschicke der gesamten Welt. Wie sehr dies Leo XIV. tun würde, war daher ebenfalls sofort Gegenstand der Fragen und Analysen nach seiner Wahl.

Erste Einschätzungen, erste Spekulationen – und wieder: Projektionsfläche Papst

»Kein amerikanischer Papst«: Dieses Tabu hat Robert Francis Prevost durchbrochen, allein dadurch geht er schon in die Geschichte ein. Prevosts Wahl ist von Anfang an historisch, auch wenn der amerikanische Vatikanjournalist John L. Allen vorab analysierte: »Heute scheint diese Logik (dass ein Amerikaner nicht Papst werden könne,) überholt zu sein. Amerika ist nicht mehr die einzige Supermacht der Welt, und die Dynamik innerhalb des Kardinalskollegiums hat sich auf jeden Fall verändert. Die Kardinäle interessieren sich nicht mehr dafür, welchen Pass ein Kandidat hat, sondern vielmehr dafür, welches geistliche, politische und persönliche Profil er verkörpert.« Das mag sein oder auch nicht, in jedem Fall bleiben die Fragen: Wie viel US-Amerikaner steckt wirklich in ihm? Oder um es anders zu formulieren: Wie viel mehr ist er noch? Denn er wurde schon in den Jahren zuvor, obwohl in Chicago geboren und aufgewachsen (dazu später ausführlicher), gar nicht so sehr als Nordamerikaner wahrgenommen. Erste Schmutzkampagnen blieben nicht aus, auch dazu auf den folgenden Seiten mehr.

International erfahren, empathisch kompetent und offenbar ein guter Kommunikator: Leo XIV. ist kein »Wunderwuzzi« (Paul M. Zulehner), um einen sehr umgangssprachlichen Austriazismus zu benutzen. Wie sehr ein Papst als Projektionsfläche der eigenen Wünsche und Hoffnungen dient und wie selten er allen gerecht werden kann, das konnten wir bereits bei Franziskus beobachten. Leos erste Schritte schienen genau das vermeiden zu wollen, ohne eine gewisse Euphorie zu bremsen, die wichtig ist für ein neues Amt und die damit verbundenen Herausforderungen. Auch sollte man sich klarmachen: Der Papst muss keine To-do-Liste abarbeiten, die ihm von außen aufgenötigt wird, selbst wenn wir das noch so sehr wollten. Nach seiner Weltpremiere, der Präsentation auf der Loggia, dachte ich mir: Wonach suchen denn plötzlich so viele? Woher diese Lust, jemanden zu kompromittieren, aus Banalitäten Sensationen zu machen, krampfhaft nach »Leichen im Keller« zu suchen, die dann den Betroffenen bloßstellen oder in ein schiefes Licht rücken können, aber auch diejenigen, die auf ihn gesetzt und in dem Fall zum Papst gewählt haben – auch wenn wir die genaue Anzahl der 133 Kardinäle, die sich für Kardinal Prevost entschieden haben, gar nicht kennen und nie wissen werden? Diese Fragen stellte ich mir vor allem auch deshalb, weil ich ja in jenem Moment selbst an diesem Buch schrieb; ein Buch, das eben keine umfassende Biografie sein kann und will, sondern ein ausführliches Porträt Leos und eine Analyse des Pontifikats Franziskus' im Hinblick auf die anstehenden Herausforderungen. Ich weiß, dass manches in den nächsten Monaten profunder aufbereitet werden wird – doch weshalb wird auf dem Altar des »Investigationsjournalismus« manchmal die Wahrheit geopfert? Fairness und Diskretion, aber auch der verantwortungsvolle Umgang mit sensiblen Daten sind – auch bei einem neu gewählten Papst – geboten. Alles andere ist unseriös. Kein Wunder, dass er darauf am 12. Mai zu sprechen kam.

Dass in den ersten Tagen nach der Wahl in der Presse schnell Spekulationen über das Stimmverhalten der Kardinäle auftauchten, war keine große Überraschung. Der *Münchner Merkur* bezog sich auf italienische Medien und titelte groß: *Enthüllung der italienischen Medien: »Papst-Macher«* für Leo XIV. war Trump-Vertrauter. Mit Bezug auf die italienische Nachrichtenagentur *ANSA* schrieb der *Merkur*: »Nun sickern Details der Papstwahl durch, die zeigen: Der Erzbischof von New York, Timothy Dolan, war offenbar ein zentraler Akteur bei der Papstwahl. Dolan vereinte Trump-Gegner und Konservative hinter dem gemeinsamen Kandidaten Robert Francis Prevost.« Tatsächlich zeigte sich Dolan nach der Wahl zufrieden, auch als er gefragt wurde, ob Leo XIV. wirklich eine Art »Anti-Trump«, wie viele getitelt hatten, sei. Er sprach davon, dass das lateinische Wort »Pontifex«, Ehrentitel der Päpste, »Brückenbauer« bedeute und fuhr fort (eigene Übersetzung): »Wird er Brücken zu Donald Trump bauen? Ich vermute, er wird Brücken zu jedem Führer jeder Nation bauen wollen. Ich denke nicht, dass meine Kardinalsmitbrüder ihn als Counterpart zu irgendeiner Person gesehen haben.«[83]

Andere Medien bestätigten die Rolle Dolans, der schon beim letzten Konklave als einflussreich galt und jeweils in den Tagen vor den beiden Wahlen in zahlreichen Hintergrundgesprächen das Terrain hatte bereiten wollen: 2013 vergeblich, Dolan war gegen Franziskus, 2025 angeblich erfolgreich. Auch die Rolle der deutschen Kardinäle wurde beleuchtet, insbesondere die des Münchners Reinhard Marx. Die Website *katholisch.de* berichtete, dass Marx für Prevost gestimmt habe, weil Marx es ihm hoch angerechnet hätte, »dass er den deutschen Synodalen Weg am Ende durch eine Kompromissformel vor dem kirchenrechtlichen Aus bewahrt habe, während noch Prevosts Vorgänger Marc Ouellet auf harten Konfrontationskurs mit dem Reformprojekt der deutschen Katholiken gegangen war.« Und *katholisch.de* fuhr fort: »Beim Werben von Marx für Prevost dürfte aber auch die prekäre Finanzlage des Heiligen Stuhls eine Rolle gespielt haben. Sie liegt Marx als Chef des vatikanischen Wirtschaftsrates besonders am Herzen, und er weiß, dass sie ohne zusätzliche US-amerikanische Hilfe kaum zu bewältigen ist.«[84]

Andere Papstmacher wurden in den Tagen nach der Wahl genannt, immer wieder tauchte dabei eine Frage auf: War Prevost ein Kompromisskandidat, weil sich zwei »Lager« nicht hatten einigen können? Dagegen spräche, dass die Wahl so schnell ging. Er wurde innerhalb von 24 Stunden gewählt. Kardinal Marx wollte nicht einmal sagen, ob das im vierten oder im fünften Wahlgang erfolgt ist. Ein vom *Corriere della Sera* gestreutes Gerücht, wonach im dritten Wahlgang Kardinal Parolin mit 49 Stimmen noch vor Prevost mit 38 gelegen haben soll, machte die Runde. Kardinal Schönborn wies mit Blick auf die beiden Konklave von 2005 und 2013 darauf hin, dass Mitteilungen über das Stimmverhalten und die Stimmenwanderungen im Konklave durch Kardinäle ausdrücklich verboten sind und de facto, wenn sie doch von einem Kardinal kommen, ein Meineid sind. Er selbst war nach Beendigung der Generalkongregationen am 7. Mai nach Wien zurückgereist. Nach der Wahl sagte er im ORF-Interview, er sei »überglücklich« über die Wahl von Leo XIV.: »Er war mein Geheimtipp.« Das Einzige, was zählt, ist: Der neue Papst muss mindestens 89 Stimmen erhalten haben, um gewählt worden zu sein. Ob es mehr als 120 waren, wie manche behaupteten? Zum Redaktionsschluss dieses Buches ist unklar, welche Berichte sich weiter verdichten oder widerlegt werden. Nicht dass verschiedene Einlassungen nicht Sinn hätten und die beschriebenen Kalküle dahinter nicht nachvollziehbar wären, doch Spekulationen bleiben Spekulationen.

Erste Termine und erste Begegnungen

Während sich also die Spekulationen noch schneller vermehrten als die ersten biografischen Hintergrundberichte, setzte das neue Oberhaupt der katholischen Kirche erste deutliche Zeichen. Der erste Aufritt am Abend seiner Wahl, mit Tränen der Rührung in den Augen, zeigte: Leo XIV. kann Papst! Im Stil wird er sich von seinem Vorgänger unterscheiden – er trug die rote Sommermozetta und die Prachtstola –, aber die Weichenstellungen seines

Vorgängers (»Wir haben immer noch die schwache, aber immer mutige Stimme von Papst Franziskus im Ohr, der Rom segnet!«, so Leo in seiner Ansprache auf der Petersdom-Loggia) wird er weiterführen.

Die in den Tagen nach der Wahl getroffenen ersten Entscheidungen, ob sie nun eher formaler Art waren oder erste Hinweise auf den »Kurs« des neuen Papstes gaben, sind wichtiger als alle Spekulationen: Die veröffentlichte Urkunde etwa, die die Annahme der Wahl bestätigt. Dafür hatte der dem Konklave vorstehende Kardinal Parolin den Sekretär des Kardinalskollegiums und den päpstlichen Zeremonienmeister in die bis dahin hermetisch abgeriegelte Sixtinische Kapelle gebeten. Auf die auf Latein gestellte Frage »Acceptasne electionem de te canonice factam in Summum Pontificem?« (»Nimmst du deine kanonische Wahl zum Papst an?«) und die Bejahung durch den Gefragten trat dieser sein Amt sofort mit allen Rechten und Pflichten an – unabhängig von der später für den 18. Mai angesetzten Amtseinführung in einem Gottesdienst auf dem Petersplatz. Anschließend dann die Frage nach dem Namen: »Quo nomine vis vocari?« (»Mit welchem Namen willst du gerufen werden?«), auf die der soeben Gewählte mit »Leo XIV.« antwortete. Unterzeichnet ist die Urkunde von Erzbischof Diego Ravelli und Erzbischof Ilson de Jesus Montanari, dem Sekretär des Kardinalskollegiums und Vize-Camerlengo, sowie den beiden Sekretären Marco Agostini und Massimiliano Matteo Boiardi.

Eine andere Entscheidung, die tief blicken lässt: Leo XIV. ließ nach der ersten Messe mit den Kardinälen in der Sixtina am Tag nach seiner Wahl durch die Präfektur des Päpstlichen Hauses bzw. durch den Pressesprecher des Vatikans bekannt geben, dass bis auf Weiteres alle Kurienleiter ihre Ämter behalten würden – bis er diese entweder endgültig bestätigt oder Neubesetzungen vornimmt. Kardinalstaatssekretär Parolin war damit wieder im

Amt, der Sekretär des Dikasteriums für die Bischöfe, der brasilianische Kurienerzbischof Ilson de Jesus Montanari, übernahm interimistisch die Leitung dieser Behörde.

Weitere Termine waren das für 10. Mai angesetzte Treffen mit den Kardinälen, auf das am 24. Mai eine Begegnung mit der Römischen Kurie und Angestellten des Vatikans erfolgen würde. Sodann das erste sonntägliche Mariengebet Regina Coeli von der Loggia des Petersdomes aus am 11. Mai, auf das tags darauf die Begegnung mit Vertretern der Weltpresse folgte. Für den 16. Mai wurde das Treffen mit den beim Heiligen Stuhl akkreditierten Diplomaten anberaumt. Theologisch oder kirchenrechtlich bedeutsam: die »Inbesitznahme« der päpstlichen Basiliken *San Paolo fuori le mura* am 20., von *San Giovanni in Laterano* und *Santa Maria Maggiore* am 25. Mai im Anschluss an das sonntägliche Mittagsgebet.

Entschieden war damit, dass vorerst ein Besuch in İznik (Westtürkei), dem früheren Nizäa/Nikaia, der zwischen dem Ökumenischen Patriarchat in Istanbul und dem Vatikan angedacht aber nie offiziell bestätigt worden war, vorerst nicht zustande kommt. Papst Franziskus wäre wohl, wenn es seine gesundheitliche Konstitution zugelassen hätte, für eine Tagesreise in die Türkei bereit gewesen. 1700 Jahre Konzil von Nizäa, das erste seiner Art – das Jubiläum dauert an. Und es wurde klar, jetzt muss der Vatikan sortieren und priorisieren.

Früher war die Inbesitznahme des Laterans entscheidender als heute die Amtseinführung in St. Peter, weil dieser der eigentliche Bischofssitz des Bischofs von Rom ist – ein markanter Bruch der Tradition, auf den Hubert Wolf immer wieder hinwies.[85] Er merkte kritisch an: »Der Papst ist Papst durch die Wahl und die historische Beziehung zu Petrus im Vatikan durch Fischerring und Pallium. Bischof von Rom zu sein ist für den Pontifex maximus zeremoniell gesehen offenbar nur noch eine unbedeutende Nebenbeschäftigung.«[86] Historisch gesehen galt: »Bevor er Papst werden kann, muss er Bischof von Rom geworden sein. Die Bischofskirche von Rom ist und bleibt aber die Lateranbasilika und nicht der zu groß gewordene Grabstein von Sankt Peter.«[87]

Alle diese ersten Termine waren frühe Gelegenheiten für verschiedene Gruppen, den neuen Papst erstmals aus der Nähe zu erleben, mit ihm Tuchfühlung aufzunehmen: ganz offiziell, liturgisch oder bei Empfängen. Bei der ersten Generalaudienz am Mittwoch, dem 21. Mai, war das für Pilger aus aller Welt möglich. Wie spontan, wie direkt, wie auskunftsfreudig würde sich »der Neue« geben?

Man konnte sich vorab leicht vorstellen, dass schnell Vergleiche mit Franziskus angestellt würden, der seinerzeit mit der Schweizergarde plauderte, in seiner Unterkunft die Rechnung selbst bezahlte, wie ein Pfarrer in St. Anna eine Messe zelebrierte oder bei der ersten Pressekonferenz über seine Namenswahl und seine innere Stimmungslage beim Konklave Auskunft gab. Welcher Druck auf einem neuen Papst! Wie sich nicht betont vom Vorgänger absetzen, wo doch jede Geste und jedes Wort genau geprüft und bewertet werden können? Wie eigene Akzente setzen, den eigenen Weg gehen, den eigenen Stil finden?

Am ersten Abend nach seiner Wahl besuchte Leo XIV. seinen bisherigen Wohnsitz als Kardinal im Palazzo del Sant'Uffizio, dem Sitz des Dikasteriums für die Glaubenslehre. Der Papst begrüßte die Anwesenden einzeln mit Handschlag, scherzte, stand für Selfies bereit, entschuldigte sich bei einem Mädchen, das um ein Autogramm bat (»Ich muss noch ein bisschen meine neue Unterschrift üben – die alte brauche ich ja nicht mehr«). Die französische Ordensfrau und Theologin Nathalie Becquart, die Nummer drei der Bischofssynode, schrieb später auf X: »Ich freue mich, unserem neuen synodalen Papst zu begegnen und ihm zu gratulieren, der in unser Gebäude zurückkehrt, in dem er gewohnt hat!« Dann wurde bekannt, dass der Papst dort wohnen bleibt, bis das Papstappartement im Apostolischen Palast, das mehrere Jahre lang leer stand, renoviert und hergerichtet worden ist. Damit war »die Katze aus dem Sack« – ohne dass daraus zu viel abgeleitet werden konnte. Papst Franziskus wollte unter Leuten sein, Leo XIV. braucht mehr Privatsphäre. Abgeschiedenheit bedeutet nicht automatisch Rückzug – auch Franziskus betonte sehr oft, dass die päpstlichen Gemächer kein Luxus seien, für ihn aber »zu weit weg vom Schuss«.

Vis-à-vis am Eck befindet sich der Euroclero-Shop, eine Art Discounter für klerikale Kleidung und Paramente, daran anschließend die Residenza Paolo VI, deren Panoramaterrasse bei Touristen sehr beliebt ist, weil man hier einen Kaffee, ein Glas Wein oder ein Candle-Light-Dinner mit direktem Blick auf den Petersdom, die Kolonnaden Berninis und den Apostolischen Palast genießen kann (»Kuscheln im Schatten der Kuppel«). Unmittelbar daneben liegt die Zentrale des Augustinerordens, dem der Papst angehört und wo er selbst als Generalprior zwölf Jahre arbeitete und wohnte, und das Pontificio Istituto Patristico Augustinianum, eine international renommierte Forschungseinrichtung.[88]

Die roten Schuhe des Papstes – die Leo XIV. genauso wenig trägt wie Franziskus, der mit seinen abgetragenen orthopädischen schwarzen Schuhen in den Sarg gelegt wurde –, sein Brustkreuz, sein Ring, seine liturgischen Gewänder oder die Ferula, der Kreuzstab beim Gottesdienst, die Frage seines Wohnorts – wird all das in der Berichterstattung nicht überbewertet? Werden daraus nicht viel zu schnell »Signale« oder »Botschaften« abgeleitet? Andere Fragen sind wichtiger: Was bedeutet seine Herkunft? Ist er wirklich so international, wie es der am Anfang dieses Kapitels angesprochene allgemeine Eindruck besagt? Und welche Erfahrungen hat Leo XIV. in seiner Kindheit gemacht, die Einfluss auf seine Persönlichkeit und möglicherweise seine Amtsführung haben könnten?

Katholisch aufgewachsen in Chicago

Während diese Zeilen geschrieben werden, steuert der neue Papst auf seinen 70. Geburtstag zu. Robert Francis wurde am 14. September 1955 als jüngster von drei Brüdern geboren. Zur Welt kam er in Chicago, der Metropole im US-amerikanischen Bundesstaat Illinois, gelegen am Ufer des Michigansees und wichtiges wirtschaftliches Zentrum der USA.

Das Erzbistum Chicago ist in den USA bis heute dafür bekannt, dass es die umfangreichen Reformen des Zweiten Vatikanischen Konzils von 1962 bis 1965, mit denen sich die Kirche verstärkt zur Welt öffnete, bereitwillig aufgegriffen und umgesetzt hat. Politisch gesehen war Chicago eine demokratische Hochburg, auch die meisten Katholiken wählten die Demokratische Partei.

Als Prevost geboren wurde, war Chicagos strategische Bedeutung vor allem als Verkehrsknotenpunkt und Eisenbahnstadt wichtig. Die Bewohner gelten als eigen wie Chicago selbst: harte Arbeiter mit einem ausgeprägten Stolz, manchmal etwas rau, der Spitzname *Windy City* besagt viel. Wie wird sich nun ihr vielleicht berühmtester Spross den Winden entgegenwerfen, die an jedem Papst zerren?

Prevost wuchs mit seinen Eltern in Dolton auf, einem Vorort von Chicago. Das Village Dolton ist eine etwas mehr als 20.000 Einwohner zählende Gemeinde im Cook County im Süden der Metropolitanregion Chicago, gut 35 Kilometer von der Innenstadt entfernt, fast direkt am Michigansee gelegen; man spricht häufig vom »Gateway to the South Suburbs«: »das Tor zu den südlichen Vororten«.

Robert wuchs in einem einfachen Backsteinhaus auf. 1980 waren 90 Prozent der Bewohner von Dolton weiß und weniger als fünf Prozent schwarz. Heute ist es genau umgekehrt. Karrem Davis meint, die Wahl Prevosts zeige, »wie weit man es von hier aus bringen kann. Dolton, das ist *ghetto and gunshots*, und trotzdem haben wir jetzt einen Papst!«[89]

Dort also verbrachte Francis zusammen mit den beiden Brüdern seine Kindheit. Louis Martín lebt heute in Florida, John Joseph in New Lennox, einem anderen Vorort von Chicago. John, praktizierender Katholik, erzählte nach der Wahl, dass er nach einem Sonntagsgottesdienst von einem Priester angesprochen worden sei, der ihm erzählte, dass die Wettanbieter in Las Vegas seinen Bruder mit 18 : 1 als neuen Papst führten. Der Priester selbst habe ebenfalls keinen Zweifel gehabt, verriet John Prevost der *Times*, und sei komplett davon überzeugt gewesen, dass Francis Robert gewählt werden würde. Als John dies allerdings seinem Bruder am Telefon erzählte, habe der diese Vermutung vehement ins Reich der Fabeln verwiesen: »Das wird auf keinen Fall passieren. Sie werden keinen amerikanischen Papst wählen.« John Prevost dazu: »Er hat es einfach nicht geglaubt oder wollte es nicht glauben.«

Warum ich dieses Detail hier aufführe? Weil man daran erkennt: Die Beziehung der beiden Brüder, aber auch die Beziehung zur Kirche, ist im Stammbaum der Familie verwurzelt. Die Vorfahren ihrer Mutter Mildred Martínez (1912–1990) stammen aus Spanien, zwei Schwestern der Mutter waren Ordensfrauen. Mildred Martínez arbeitete als Bibliothekarin. Ein interessantes Detail zu ihr: Sie studierte Bibliothekswissenschaft an der DePaul University, einer Privatuniversität in Chicago, und erhielt 1947 mit 34 Jahren ihren Bachelor-Abschluss, zwei Jahre später einen Master in Pädagogik. In einem Nachruf wurden ihr und ihrem Mann die Gründung und Einrichtung der Bibliothek von St. Mary im Keller eines alten Schulgebäudes zugeschrieben. Sie soll auch in den Bibliotheken der Holy Name Cathedral und der Von Steuben Metropolitan High School in North Side von 1969 bis 1975 gewirkt haben. Ein US-amerikanisches Magazin behauptet, die Großeltern des Papstes – Joseph Martínez und Louise Baquié – seien Farbige gewesen: Grundbesitzer in New Orleans, aus Haiti eingewandert. Louis Marius Prevost (1920–1997), der Vater des Papstes, hatte französisch-italienische Wurzeln, er war *School Superintendent* in Cook County und Katechet. Der französische Name »Prévost« leitet sich übrigens vom Altfranzösischen »prevost« ab und geht auf das Lateinische »praepositus« zurück, was so viel wie »Vorsteher« heißt – ursprünglich ein Beamten- oder Verwaltertitel. Der Generalobere der Jesuiten zum Beispiel heißt offiziell »Praepositus Generalis Societatis Iesu« (»Allgemeiner Vorgesetzter der Gesellschaft Jesu«, engl. »General Superior«).

Beide Elternteile prägten ihre drei Söhne in religiöser Hinsicht nachhaltig. Ihre spirituelle Heimat war die Pfarrei St. Mary of the Assumption, alle drei Söhne ministrierten dort.

In den USA zeigt sich ein Katholizismus, den man zweifach differenzieren muss, inhaltlich wie ethnisch. Die Social-Justice-Catholics betonen die soziale Tradition des Glaubens, sie setzen sich für Gerechtigkeit, die Arbeiterschaft und die Rechte von Migranten ein. Andere legen mehr Wert auf Glaubensorientierung und Liturgie. Zu Letzteren gehört auch Vizepräsident JD Vance. Abgesehen davon ist es ein Unterschied, ob jemand aus Südamerika einwandert oder aus einer alten irischen Familie kommt: Die Sprachen sind unterschiedlich, die Frömmigkeit – und auch die Art, die Liturgie zu feiern. So gesehen gibt es in den USA ganz verschiedene Katholizismen, obwohl alle in der gleichen Kirche zu Hause sind.

Robert Francis wollte, weiß sein Bruder Joseph, nie etwas anderes werden als Priester. Als Kind feierte er wie viele Jungen seiner Generation die Messe – auf einem Bügelbrett, das als Altar fungierte, wie ein Freund aus Jugendtagen zu erzählen wusste. Diese und andere Anekdoten, etwa dass sich Mitschüler bei ihren Hausaufgaben von Bob helfen ließen und sich dabei auf ihn verlassen konnten, wurden in den ersten Tagen nach der Wahl bekannt. Sie alle deuten darauf hin, dass der neue Papst seine Berufung allmählich und früh entdeckte, nicht durch das eine spektakuläre Ereignis, sondern geboren in und aus einer katholisch praktizierenden Familie, die dem Glauben im Alltag Raum gab. Jeden Sonntag um 9:15 Uhr seien die Prevosts in der Heiligen Messe gewesen, so erinnert sich eine Zeitgenossin. Für Leos Sicht auf die Bedeutung der Familie für den Glauben und vor allem auf die Bedeutung der Katechese werden sein heranwachsen und seine Prägung sicherlich eine nicht zu unterschätzende Rolle spielen.

Nach seinem High-School-Abschluss am Saint Augustine Seminary in Michigan im Jahr 1973 studierte Robert Francis zuerst an der 1842 von Augustinern gegründeten Privatuniversität Villanova bei Philadelphia im Bundesstaat Pennsylvania Mathematik – angesichts der chronischen Finanzprobleme des Vatikans sicher kein Nachteil – und Philosophie. Er kennt sich deswegen nicht nur beim Kirchenvater Augustinus aus, sondern auch bei deutschen Philosophen. John D. Caputo, sein ehemaliger Philosophieprofessor, attestiert ihm Kenntnisse über Kierkegaard, Nietzsche, Husserl und Heidegger. Jetzt werden wohl alle seine Seminar- und Abschlussarbeiten unter die Lupe genommen, jedes Blatt Papier erhält plötzlich eine neue Bedeutung, weil es Auskunft über Interessen und die intellektuelle Biografie gibt. Seinen Bachelor in Mathematik erwarb er schließlich 1977 und verließ Villanova, verfolgte allerdings offenbar vor allem die Basketballmannschaft der Universität weiter mit großem Interesse. Eine Mannschaft, die zahlreiche Stars in die wichtigste US-amerikanische Liga, die NBA, gebracht hat – jetzt sind unter den Absolventen der Universität nicht nur Sportstars, sondern auch ein Papst.

John Prevost räumte auch mit einem Missverständnis auf: Sein jüngerer Bruder, der neue Papst, sei niemals, wie die Presse behauptete, Fan der Chicago Cubs, sondern immer der White Sox gewesen – ein Major-League-Baseball-Team in der *Central Divsion* der *American League*, zu deren bekennenden Fans auch Barack Obama gehört. Sie tragen ihre Heimspiele in Chicago im *Guaranteed Rate Field* aus und sind bereits dreimalige Gewinner der *World Series*, des wertvollen Baseball-Titels. Es scheint, als sei der neue Papst wie sein Vorgänger leidenschaftlicher Sportfan – nur dass dessen Herz eher für Fußball schlug, für den Lateinamerikaner Franziskus im Gegensatz zum US-Amerikaner Leo dann doch die näherliegende Sportart.

»Ich bin ein Augustiner«: St. Louis – Chicago – Rom – Peru – Rom

1977, im Jahr seines Abschlusses an der Villanova, trat Robert Francis in den Augustinerorden ein. Sein Wunsch, sein Leben der Kirche zu widmen, war wie erwähnt früh zutage getreten und hatte sich auch nach seiner Kindheit nicht verflüchtigt. Die Augustiner-Chorherren (CRSA), sogenannte Regularkleriker, berufen sich auf die Regel des heiligen Augustinus, wurden allerdings nicht von diesem direkt gegründet. Zwar gab es erste Gemeinschaften im 5. und 6. Jahrhundert, die starke Parallelen zu den heutigen »Augustinern« aufweisen, doch wirklich gegründet wurde der Orden in seiner heutigen Form im 13. Jahrhundert von Papst Alexander IV. Er hatte verschiedene Eremitengemeinschaften in Italien versammelt und sie gebeten, sich unter der Regel des heiligen Augustinus zu einer Gemeinschaft zusammenzuschließen. Heute zählen in unseren Breitengraden Klosterneuburg, Sankt Florian und Vorau (Österreich), Neustift (Südtirol) oder Saint-Maurice im Kanton Wallis (Schweiz), das älteste Kloster des Abendlandes überhaupt, zu den prominentesten Stiften.

Ebenfalls prominent ist die 1328 entwickelte Biermarke Augustiner-Bräu. 72 Jahre vorher war der Augustinerorden (Ordo Fratrum Sancti Augustini: OSA), der 1963 den Zusatz Augustiner-Eremiten fallen ließ, wie erwähnt durch Papst Alexander IV. 1256 päpstlich bestätigt worden. Im Jahr 2026 begeht der Orden sein 770. Gründungsjahr. Er beruft sich auf eine Ordensregel, die zum Zeitpunkt der Gründung bereits über 800 Jahre alt war und auf einen der vier lateinischen Kirchenväter zurückgeht: auf Augustinus von Hippo (354–430). Die Augustiner verstehen sich in Europa vor allem als Stadtorden. Zum schwarzen Ordenshabit gehört ein Ledergürtel, außerdem eine Kapuze. Die Ordensregeln sind relativ »human«, denn es handelt sich nicht um einen klassischen Bettelorden, sondern ursprünglich um eine Gemeinschaft, die Weltpriestern ein klösterliches Leben schmackhaft machen sollte. Dass Priester und Professbrüder gleichberechtigt sind und es keine Standesunterschiede gibt, unterscheidet die Mönche dieses Ordens von anderen Orden, etwa von den Jesuiten, die streng hierarchisch aufgestellt sind. Obere werden bei den Augustinern gewählt, nicht ernannt.

Ende des 13. Jahrhunderts – allein die deutsche Ordensprovinz zählte bereits 80 Konvente – hatte sich der Orden schon über ganz Europa ausgebreitet. Von Irland bis Zypern gab es

Klöster in 24 Provinzen. Erfurt, Köln, Wien und Paris wurden schnell herausragende Zentren. Mit Predigt, Bildung und wissenschaftlicher Arbeit trugen die Mönche in aufgewühlter Zeit zur Erneuerung der Kirche bei. Im schwierigen 16. Jahrhundert – die Gründung der Gesellschaft Jesu (Jesuiten) erfolgte am 27. September 1540 – gab es 2000 Mönchs- und 300 Frauenklöster mit fast 35.000 Mitgliedern. Martin Luther (Erfurt), später der Barockprediger Abraham a Sancta Clara (Wien) oder Johann Gregor Mendel, der Wegbereiter der modernen Genetik, gehörten zu den »Promis« des Ordens, der schwere Krisen durch die Reformation und durch die Säkularisation erlebte und im Laufe der Jahrhunderte massiv schrumpfte. Heute zählt er in weltweit rund 50 Provinzen, Vikariaten und Delegaturen ungefähr 2600 Ordensmitglieder. Das Augstinianum in Rom, in dem Leo XIV. als Generalprior und später als Kardinal wohnte, das Würzburger Augustinus-Institut oder die University of Villanova, wo Robert F. Prevost seinen Bachelor of Science erwarb, gelten als die Perlen des Ordens.

Die Augustiner gehören aufgrund ihrer Gründungsgeschichte den Bettelorden an, eine Gemeinsamkeit, die der neue Papst Leo XIV. mit seinem Vorgänger Franziskus hat, der sich nach dem »Urvater« der Bettelorden, dem heiligen Franziskus, benannte – auch wenn er dem Orden des heiligen Ignatius, den Jesuiten, angehörte. Ebenfalls eine interessante Parallele, die sich auch im Leben des neuen Pontifex zeigt: Papst Alexander IV. schickte die Mitbrüder des neuen Ordens damals als Missionare in die Städte, die sich im Mittelalter rasant entwickelten, und legte ihnen die Seelsorge ans Herz. Franziskus selbst hatte seine Erfahrungen als Seelsorger in der Metropole Buenos Aires als prägend beschrieben und gleichzeitig immer wieder klargemacht, dass die Kirche an die »Peripherie« gehen solle – also genau das, was Leo XIV. als junger Augustiner-Missionar tat.

Zunächst absolvierte Robert Francis Prevost sein Noviziat in St. Louis, Missouri, neben der Immaculate Conception Church gelegen. Von dort wurde er bis 1982 zum Theologiestudium nach Chicago geschickt, wo er an der Catholic Theological Union (CTA), einer der größten und renommiertesten theologischen Hochschulen in Nordamerika, 1982 den akademischen Grad eines Masters of Divinity erwarb. Nachdem er am 19. August 1981 seine Professgelübde, die endgültige Bindung an den Orden, abgelegt hatte, wurde er zum ersten Mal nach Rom geschickt, wo er am Angelicum, der Päpstlichen Universität Heiliger Thomas von Aquin der Dominikaner, Kirchenrecht studierte. Hier war etwas mehr als drei Jahrzehnte zuvor, von 1946 bis 1948, auch Karol Wojtyła, der spätere Papst Johannes Paul II., als Student eingeschrieben.

In der Ewigen Stadt wurde Robert Francis Prevost am 19. Juni 1982, einige Monate vor seinem 27. Geburtstag, in der zum Augustinerkolleg gehörenden Kirche *Santa Monica* von dem belgischen Kurienerzbischof Jean Jadot (1909–2009), damals Vizepräsident des Päpstlichen Rats für die Nicht-Christen (heute: Dikasterium für den Interreligiösen Dialog), zum Priester geweiht. Die Weihe in *Santa Monica* sollte gewissermaßen ihr Licht auf die kirchliche Karriere Prevosts werfen, die zu dem damaligen Zeitpunkt freilich noch nicht absehbar war: 2023 sollte die Kirche nämlich seine Titelkirche als Kardinaldiakon werden, also die römische Kirche, die einem Kardinal nach alter Tradition »gehört«. Nicht nur der Ort, auch die an der Weihe beteiligte Hauptperson sollte im Nachhinein wegweisend sein: Jean Jadot war jahrelang Militärpfarrer in Belgisch-Kongo gewesen, bevor er in den Diplomatischen Dienst des Vatikans eintrat, um in Laos, Singapur und Malaysia eingesetzt zu werden – mit weiteren Stationen in Thailand, Gabun und Kamerun sowie schließlich als Ständiger Beobachter bei der Organisation Amerikanischer Staaten (OAS) in Washington, D. C., bis er 1973 an die Römische Kurie berufen wurde. Er galt als ausgezeichneter Kenner des US-amerikanischen Katholizismus. Während seiner Amtszeit in Washington war Jadot an der Ernennung von insgesamt 103 neuen Bischöfen und 15 Erzbischöfen beteiligt, die scherzhaft *Jadot boys* genannt wurden. Fünf Jahre nach seiner Weihe, im Jahr 1987, schloss Robert Francis Prevost seine universitäre Ausbildung in Rom ab, 1987 wurde er mit der Dissertation *The office and authority of the local prior in the Order of Saint Augustine* am Angelicum zum Doktor des Kirchenrechts promoviert.

Fertiggestellt hatte er seine Doktorarbeit, nachdem er zuvor ein Lizenziat erworben hatte, auf einem anderen Kontinent: in Lateinamerika. Nach Peru hatten ihn seine Ordensoberen bereits 1985 zum ersten Mal geschickt: in die traditionell von Augustinerpatres betreute Territorialprälatur Chulucanas, mittlerweile die gleichnamige, dem Metropolitanbistum Piura unterstellte Diözese im Norden Perus. Sie umfasst die Provinzen Ayabaca, Huancabamba und Morropón. Bis zu seiner Promotion arbeitete Robert F. Prevost hier als Missionar. Ab 1987 war er, immer Seelsorger bleibend, in Leitungspositionen eingesetzt: für kurze Zeit in Olympia Fields im Cook County, Illinois, etwa 40 Kilometer südlich von Chicago, als Missionsdirektor und Verantwortlicher für die Berufungspastoral der Augustinerprovinz »Mutter vom Guten Rat«. Seine Zeit als Missionar hat Prevost zutiefst geprägt – und er offensichtlich die Gemeinden und Menschen, an den Orten, an denen er wirkte. Direkt nach seiner Wahl jubelte Peru vielleicht einen Ton lauter als der Rest des Erdenkreises, seine ehemalige Diözese dabei sicherlich am stärksten. Noch in seiner Zeit in Peru hatte Prevost einmal über die Herausforderungen und Kernkompetenzen von Kirche gesagt: »Wenn wir unsere Prioritäten auflisten und die vor uns liegenden Herausforderungen bewerten, dann müssen wir uns vor Augen führen, dass die Dringlichkeiten in Italien, Spanien, den Vereinigten Staaten, Peru oder China höchstwahrscheinlich nicht dieselben sind, außer in einem Punkt: der grundlegenden Herausforderung, die Christus den Katholiken hinterlassen hat, das Evangelium zu verkünden.«

Diese Äußerung, seine Prägung durch seine Eltern sowie sein Wirken als Missionar machen klar, dass für Prevost/Leo die Evangelisierung im Sinne der Verkündigung zentrales Element des kirchlichen Dienstes ist. Selbstverständlich? Ganz und gar nicht, die Diskussion darüber, worauf sich Kirche konzentrieren soll, wurde und wird lebhaft geführt. Nicht umsonst wies Kardinal Gerhard Ludwig Müller direkt nach der Wahl Leos in einem Interview darauf hin, dass die Kirche eben keine »NGO« sei, sondern einen anderen Auftrag habe. Es sei hier einmal dahingestellt, ob Papst und der ehemalige Glaubenspräfekt komplett übereinstimmen, leise Zweifel diesbezüglich sind angebracht. Doch die Vita Leos lässt den Schluss zu, dass das »Gehen an die Peripherie«, dass die »verbeulte Kirche«, die Franziskus eingefordert hatte, dem neuen Papst im wahrsten Sinne des Wortes am Herzen liegt. Er kennt beides: die Herausforderungen in den Metropolen unserer Zeit wie in Chicago und die Peripherie, örtlich, aber auch existenziell, wie beispielsweise sein Bruder John betont. Robert sei einer gewesen, der immer für die Außenseiter der Gesellschaft da sein wollte, der sich für die Entrechteten eingesetzt habe, der in seiner Zeit als Missionar die Botschaft des Evangeliums in seiner spirituell-sozialen Dimension vor- und mitgelebt hat. Ein Papst, der Missionar war, das ist nicht mehr als ein netter Anlass für Fotos auf Pferden oder in Gummistiefeln, wie sie schnell nach seiner Wahl verbreitet wurden. Das bedeutet vielmehr, dass ein Mann die katholische Kirche führt, der die globalisierte Welt in vielen, sicher nicht allen, aber in vielen ihrer Facetten aus erster Hand, aus eigener Erfahrung kennengelernt hat. Das könnte, so es ihm gelingt, daraus zu schöpfen, ein wichtiges Pfund sein, mit dem sein Pontifikat wuchern kann.

An der Spitze des Ordens

Peru, auch wenn er zwischenzeitlich in den Vereinigten Staaten wirkte, hat Leo XIV. geprägt. 1988 begann seine »Karriere« im Orden, bis 1998 wirkte er als Leiter eines Ausbildungsprojekts für Aspiranten des Ordens in den Vikariaten Chulucanas, Iquitos und Apurímac im Erzbistum Trujillo, wo er auch Prior (1988–1992), Ausbildungsleiter (1988–1998), Lehrer der Professbrüder (1992–1998) und schließlich von 1998 bis 2001 Provinzial der peruanischen Augustiner war. Gleichzeitig brachte er von 1989 bis 1998 als Kirchengerichtsvikar seine kanonistische Expertise ein und wirkte als Professor für Kirchenrecht, patristische und Moraltheologie am Priesterseminar San Carlos y San Marcelo in Trujillo.

1998 wurde Prevost von seinen Mitbrüdern erneut zum Provinzialprior in Chicago gewählt. Er trat sein neues Amt im März 1999 an. Zwei Jahre später ging es von Chicago nach Rom: Von 2001 bis 2013 schließlich war er Generalprior, der Sitz der Ordenszentrale befindet sich in unmittelbarer Nachbarschaft des Vatikans. Damals begegnete er zum ersten Mal Jorge Mario Bergoglio, dem Erzbischof von Buenos Aires. Dass Prevost als Generalprior wiedergewählt wurde und mehr als eine Amtszeit hatte, sagt etwas über seine Führungsqualitäten aus. Das passiert nur, wenn Mitbrüder mit dem Leitungsstil wirklich zufrieden sind – eine Eigenschaft, die sich auch jetzt auszahlen dürfte. Als Nummer eins des Augustinerordens besuchte er auch öfters Deutschland und Österreich. Als aus Kardinal Bergoglio im März 2013 Papst Franziskus wurde, lud ihn Prevost ein, die Eröffnungsmesse des Generalkapitels zu halten. Franziskus nahm überraschenderweise an.

Der deutsche Augustinerprovinzial Lukas Schmidkunz beschrieb den neuen Papst in einem Interview als umgänglich: »Er ist ein sehr angenehmer und umgänglicher Mann. Man kann mit ihm auch gut abends zusammensitzen, er ist sehr humorvoll. Er war bei unseren Provinzkapiteln, die er geleitet und begleitet hat, und er hat unsere Brüder in den Klöstern und Konventen besucht. Da ist er nie als einer aufgetreten, der jetzt der Obere ist und Ansagen macht, was Sache ist. Er ist ein Mensch, der zuhört, der hinschaut und Interesse an den Menschen um ihn herum hat.«[90] Auch der Obere des Wiener Augustinerkonvents, Dominic Sadrawetz, streute seinem päpstlichen Mitbruder Rosen: Kardinal Prevost feierte an Allerheiligen 2024 das Pontifikalamt zum 675. Weihejubiläum der Wiener Augustinerkirche, der ehemaligen kaiserlichen Hofpfarrkirche zwischen der Albertina und der Hofburg: »Er ist charismatisch, er schaut Menschen an. Er stellt sofort eine Verbindung her.«[91]

Da Wien seit Januar 2025 auf einen neuen Erzbischof wartet und der Papst Chef des zuständigen Dikasteriums war, kann man damit rechnen, dass er die Ausgangslage kennt. Kardinal Schönborn, bei dem Prevost am 1. November 2024 zum Abendessen zu Gast war, meinte in einer Reaktion auf die Wahl, die er überschwänglich begrüßte: »Er kennt die Situation sehr genau, das kann die Sache beschleunigen. Aber vielleicht, weil er sie so gut kennt, und weiß, dass sie komplex ist, kann es auch länger dauern.«[92]

Der heutige Generalprior, Alejandro Moral Antón, charakterisierte seinen prominenten Mitbruder gegenüber *Vatican News* als »eine ausgeglichene, spirituelle Person, die allen nahesteht«, er sei »ein Geschenk für die Kirche«[93]. Die ersten Worte des neuen Papstes, in denen dieser auch auf den heiligen Augustinus verwiesen hat, ließen eine Skizze seines Pontifikatsprogramms erkennen: Gerechtigkeit und Frieden, Brücken statt Mauern, synodale Kirche. Am 13. Mai feierte der Papst in der Ordenszentrale eine Messe mit seinen Mitbrüdern und dem Generalprior, der während seiner eigenen Amtszeit sein Generalvikar gewesen war. Nach dem Mittagessen kehrte er mit einem schwarzen VW-Multivan mit dem Kennzeichen SCV 1 wieder zurück in den Vatikan – ein kurzer Weg nur, aber verstopft mit Schaulustigen. Das, oder auch dass er liebend gerne Auto fährt – jetzt schwarzer VW statt weißer Fiat –, dass er Tennis spielt und ein leidenschaftlicher Koch ist, gehört zu den Informationen, die in den Tagen zuvor gestreut worden waren.

Wichtiger aber scheint die Tatsache, dass der Seelsorger Prevost auch Führung konnte. Und zwar eine Führung, die offensichtlich bestätigt wurde, weil ihn seine Mitbrüder wiederwählten. Anders als bei seinem Vorgänger Franziskus, der selbst einmal in einem Interviewbuch davon sprach, dass seine strenge Art zu führen ihm auch Kritik und sogar eine Krise einbrachte, sind solche Probleme mit oder Beschwerden über Leo XIV. derzeit noch nicht bekannt. Sie mögen noch auftauchen, in Führungspositionen lässt sich das kaum vermeiden, schon gar nicht in solch kontroversen Zeiten, vor allem für Führungspersonal der katholischen Kirche. Doch die meisten Hinweise deuten darauf hin, dass der Ordensmann Prevost das Leben in Gemeinschaft zutiefst verinnerlicht hat und zugleich in der Lage ist, eine solche Gemeinschaft zu führen. Ein Blick in die Regel des heiligen Augustinus ist dafür aufschlussreich, so heißt es dort: »Ihr seid also umso weiter vorangekommen, je mehr ihr um die gemeinsame Sache bemüht seid, statt um eure privaten Interessen.« Dann: »Euer Vorsteher soll sich nicht deshalb glücklich schätzen, weil er kraft seines Amtes gebieten, sondern weil er in Liebe dienen kann. (...) In allem soll er selbst ein Beispiel guter Werke geben, die Unruhigen zurechtweisen, die Verzagten trösten, sich der Schwachen annehmen, mit allen Geduld haben.« Und schließlich, besonders bekannt: »Das Erste, warum ihr in Gemeinschaft zusammenlebt, ist, einmütig im Haus zu wohnen und ein Herz und eine Seele zu sein, hin auf Gott.«[94]

Die Tatsache, dass es solche Passagen in der Augustinus-Regel gibt und dass sie Prevost nach fast 50 Jahren als Ordensmann mit Sicherheit zutiefst verinnerlicht hat, sind nicht notwendigerweise eine Sicherheit dafür, dass er als Papst Leo XIV. auch so handeln wird, dass er unter dem Druck des Amts und der damit verbundenen Herausforderungen nicht von manchem abrückt. Nein, eine Garantie ist das nicht. Doch es darf vermutet und gehofft werden, dass diese altehrwürdigen Führungsleitlinien, die höchst modern sind, durch ihn angewendet werden – es würde der Kirche ohne Zweifel gut zu Gesicht stehen und könnte eine wertvolle Ausgangslage für die Art und Weise sein, wie Leo vor allem in und mit der Kurie agiert.

Der »peruanische Papst«

In Chuculanas, heute eine Stadt mit 40.000 Einwohnern, bekannt für ihr Töpferhandwerk, hat der spanische Eroberer Francisco Pizarro seine Truppen gegen das Inkareich organisiert. Als Prevost 1985 erneut ins Land kam, lieferten sich die Armee und Guerilleros des *Sendero Luminoso*, gegründet von dem marxistischen Philosophieprofessor Abimael Guzmán, heftige Schlachten. Der *Leuchtende Pfad* rekrutierte seine Anhänger unter der indigenen Bevölkerung. Der Kampf dauerte bis zum Jahr 2000 und forderte geschätzte 70.000 Menschenleben.

Als Prevost 1988 nach Trujillo kam, litt Peru unter Hyperinflation. Die Gewalt breitete sich immer weiter aus, sie erfasste auch die Hauptstadt Lima. 1990 wählten die Peruaner den Außenseiter Alberto Fujimori zu ihrem Präsidenten. Der japanischstämmige Politiker verordnete Peru einen harten Spar- und Liberalisierungskurs. Perus Wirtschaft wuchs in der Folge rasant. Doch die sozialen Ungleichheiten verschärften sich. Im Kampf gegen den *Sendero Luminoso* erzielte Fujimori schnell Erfolge. 1992 nahmen Armeeeinheiten Abimael Guzmán gefangen, der zu einer lebenslangen Haftstrafe verurteilt wurde. Damit war die Guerillabewegung enthauptet. Fujimori, inzwischen ein korrupter Autokrat, setzte gegen die Guerilla Todesschwadronen ein. Sie verübten zahlreiche Massaker an der Zivilbevölkerung. Nach seinem Sturz im Jahr 2000 wurde er zu einer langen Gefängnisstrafe verurteilt. Als er 2017 freikam, war Prevost Bischof von Chiclayo. Er forderte den freigelassenen Fujimori öffentlich auf, bei den Opfern des Staatsterrorismus um Verzeihung zu bitten.

Guillermo Cornejo, Bischof von Lima, sagte über Prevost: »Wenn es Naturkatastrophen gab, nahm er Pickel und Schaufel in die Hand und machte sich an der Seite der Betroffenen an die Arbeit. Er ritt mit dem Pferd in die Berge, er lernte Quechua, die Sprache der indigenen Bevölkerung. Er wollte zeigen: Ich bin hier, ich kann euch verstehen.«[95]

Ebenso deutliche Worte fand Prevost für den Missbrauchsskandal, der sich in der Kongregation Sodalicio de Vida Cristiana ereignet hatte. Er traf sich mit Opfern und meldete, was er erfahren hatte, an Papst Franziskus weiter. Der Papst löste die Kongregation daraufhin auf.

Zwölf Jahre diente Robert Francis Prevost seinem Orden als Generalprior in Rom. In dieser Zeit, ebenfalls eminent wichtig erst für seine Wahl und jetzt für seine Möglichkeiten als Papst, lernte er fließend Italienisch zu sprechen. Im Vorfeld des Konklaves hatten verschiedenste Medien berichtet, dass ein Kandidat, der des Italienischen nicht mächtig wäre, undenkbar sei. Tatsächlich bringt die Kenntnis der heutigen Verkehrssprache im Vatikan viele Vorteile für die alltägliche Kommunikation und darf daher nicht unterschätzt werden. Nach seiner zweiten Amtszeit 2013 allerdings verabschiedete sich Prevost erst einmal aus Rom und Europa: Er, der leidenschaftliche Missionar, durfte wieder nach Peru zurückkehren. Seit 24. August 2014 im Besitz der peruanischen Staatsbürgerschaft, ernannte ihn der Papst am 3. November 2014 zum Titularbischof und Apostolischen Administrator von Chiclayo, wo Prevost auf Maultieren und mit Gummistiefeln unterwegs war. Vier Tage später erfolgte die Amtseinführung. Zum Bischof geweiht wurde Prevost am 12. Dezember 2014 vom Nuntius in Peru, Erzbischof Patrick Green, am 26. September 2015 wurde aus dem Administrator der neue Bischof von Chiclayo.

Die Freudenbekundungen in seiner Diözese, die nach seiner Wahl um die Welt gingen, lassen darauf schließen, dass Prevost als Bischof ein gutes Standing hatte – und zwar vom einfachen Bürger bis zur Präsidentin, die die Wahl ihres »Landsmannes« bejubelte: »Landsmannes«? Ja, Robert F. Prevost besitzt die US-amerikanische und die peruanische Staatsbürgerschaft – und seitdem er Kardinal war mit der vatikanischen eine dritte. Natürlich machte die peruanische Präsidentin Dina Boluarte Freudensprünge, anders als seinerzeit Christina Fernández de Kirchner in Argentinien, der während eines Termins zwei Mal ins Ohr geflüstert werden musste: Es gibt einen argentinischen Papst! Erst im zweiten Anlauf verstand sie die Dimension der Wahl vom 13. März 2013. Jorge Mario Bergoglio, der Jesuiten-Erzbischof von Buenos Aires, hatte mir ihr mehr als einen Strauß ausgefochten. Boluarte dagegen, eine gelernte Rechtsanwältin und frühere parteilose Ministerin für Entwicklung und soziale Inklusion, die ihre Wurzeln in der politischen Linken hat, folgte als Vizepräsidentin im Dezember 2022 dem abgesetzten Präsidenten Pedro Castillo in den Präsidentenpalast. Mehrmals war sie bereits mit Korruptionsvorwürfen konfrontiert, unter anderem wegen Rolex-Uhren.

»Ein großer Segen für Peru« hieß es nach der Papstwahl sofort in peruanischen Medien. Die Regierung von Peru hob in ersten Reaktionen hervor, als Bischof habe Robert Francis Prevost »unserem Volk mit Liebe und Glauben gedient«. Die US-Botschaft in Lima beeilte sich, mit den Worten »Von Chicago nach Chiclayo – eine gemeinsame Freude zwischen dem amerikanischen und dem peruanischen Volk« zu gratulieren.

Als Prevost Ende Januar 2023 nach Rom an die Kurie versetzt wurde, dauerte es über ein Jahr, bis die Diözese Chiclayo wieder einen Bischof bekam, wieder einen Augustiner: den 1974 geborenen Peruaner Edinson Edgardo Farfán Córdova, der in Cochabamba (Bolivien) studiert hatte, 2008 die Priesterweihe erhielt und zuerst Novizenmeister der peruanischen Augustiner war, um dann Pfarrer zu werden. Seit April 2018 war er Apostolischer Administrator von Chuquibambilla, bevor er im Dezember 2019 dort zum Prälaten ernannt und im Januar 2020 zum Bischof geweiht wurde. Unter den Mitkonsekratoren war Robert F. Prevost, dem Farfán Córdova 2024 dann als Bischof von Chiclayo folgte. Im Oktober 2023 und im Oktober 2024 nahm er an beiden Sessionen der Weltsynode über Synodalität teil. In einer Pressekonferenz unterstrich der nunmehrige Bischof von Chiclayo die engen Verbindungen des neuen Pontifex mit Peru. Prevost habe nicht nur spirituelle Nähe gezeigt. Er habe sich mit dem Land auch abseits kirchlicher Belange identifiziert, Bescheidenheit und ein weiter Blick auf die Herausforderungen der Weltkirche hätten seinen Führungsstil geprägt – eine vielversprechende Qualität, von dem auch der neue Pontifikat profitieren kann.

Bischof Farfán beschrieb seinen Vorgänger zudem als einen Papst mit klarem Kompass: Sein Pontifikat werde sich auf Frieden, soziale Gerechtigkeit und die Würde der Schwächsten und Armen konzentrieren. Leo XIV. sei ein Mann »mit Erfahrung, Ausgewogenheit und einem offenen Ohr für die Sorgen der Armen«. Seine langjährige Arbeit in benachteiligten Regionen Perus habe ihn gelehrt, wie wichtig ein inklusiver und laiennaher Ansatz in der Kirche sei. Stets habe er sich für eine stärkere Rolle von Laien und Frauen in kirchlichen Strukturen eingesetzt. Prevost selbst sagte einmal in seiner Zeit als Bischof:

> »Ein guter Hirte zu sein bedeutet, das Volk Gottes zu begleiten und in seiner Nähe zu leben, nicht isoliert. Papst Franziskus hat dies mehrfach sehr deutlich gemacht. Er will keine Bischöfe, die in Palästen leben. Der Bischof muss viele Fähigkeiten haben. Er muss wissen, wie man leitet, wie man verwaltet, wie man organisiert und wie man mit den Menschen in Kontakt bleibt. Wenn ich allerdings eine Eigenschaft hervorheben müsste, dann ist es die: Jesus Christus zu verkünden und den Glauben zu leben, damit die Gläubigen in seinem Zeugnis einen Anreiz sehen, immer aktiver Teil der Kirche zu sein, die Jesus Christus selbst gegründet hat. Kurz gesagt: Der Bischof soll den Menschen helfen, Christus kennen zu lernen.«[96]

In einem Interview mit Andrea Tornelli, Chefredakteur von *Vatican News*, veröffentlicht kurz vor seiner Wahl, führte Prevost dann weiter aus:

> »In erster Linie muss er ›katholisch‹ sein: Manchmal besteht die Gefahr, dass der Bischof sich nur auf die lokale Dimension konzentriert. Aber ein Bischof sollte eine viel

umfassendere Vision der Kirche und der Realität haben und die Universalität der Kirche erfahren. Er muss auch die Fähigkeit haben, zuzuhören und sich beraten zu lassen, und er muss psychologisch und geistlich reif sein. Ein grundlegendes Element des Identitätskonzepts ist es, ein Seelsorger zu sein, der in der Lage ist, den Mitgliedern der Gemeinschaft nahe zu sein, angefangen bei den Priestern, für die der Bischof Vater und Bruder ist. Diese Nähe zu allen zu leben, ohne jemanden auszuschließen.

Papst Franziskus sprach von den vier Nähe-Ebenen: die Nähe zu Gott, zu den bischöflichen Brüdern, zu den Priestern und zum ganzen Volk Gottes. Man darf nicht der Versuchung nachgeben, isoliert zu leben, abgeschottet in einem Palast, erfüllt von einer bestimmten sozialen Ebene oder einer bestimmten Ebene innerhalb der Kirche. Und wir dürfen uns nicht hinter einer Vorstellung von Autorität verstecken, die heute keinen Sinn mehr macht. Die Autorität, die wir haben, ist die, zu dienen, Priester zu begleiten, Seelsorger und Lehrer zu sein. Wir sind oft damit beschäftigt, die Lehre, die Art und Weise, wie wir unseren Glauben leben sollen, zu lehren, aber wir laufen Gefahr zu vergessen, dass unsere erste Aufgabe darin besteht, zu lehren, was es bedeutet, Jesus Christus zu kennen und Zeugnis von unserer Nähe zum Herrn zu geben. Das steht an erster Stelle: die Schönheit des Glaubens zu vermitteln, die Schönheit und Freude, Jesus zu kennen. Das bedeutet, dass wir es selbst leben und diese Erfahrung teilen.« [97]

Auch hier treffen wir wieder auf den starken Impetus, das Evangelium zu verkünden. Aber nicht einfach von oben herab, nicht nur durch Worte. Durch Mit-Leben, durch Er-Leben, durch das

Leben-Teilen – auch darin ganz Sohn des heiligen Augustinus, den er selbst bei seinem ersten Auftritt nach seiner Wahl zitierte: »Für euch bin ich Bischof, mit euch bin ich Christ.« Was der neue Papst übrigens nicht zitierte, war ein Zusatz des heiligen Augustinus, der bezeichnend ist und passend: »Das Erstere ist meine Bürde, das Letztere meine Würde.«

In der Stadt, in der Prevost Christ und Bischof war, in Chiclayo, wurde die Wahl Prevosts jedenfalls enthusiastisch aufgenommen. In der Innenstadt kam es zu spontanen Jubelfeiern, besonders auf der Plaza Mayor und vor der Kathedrale Santa Maria. Mehrere Hunderttausend Einwohner wohnen in Chiclayo, gut 20 Kilometer entfernt von der Küste des Pazifiks. Gegründet wurde die Stadt im 16. Jahrhundert, die Geschichte ist geprägt von Krisen, zuletzt traf die Corona-Pandemie die Stadt und die Umgebung verheerend. Bischof Prevost musste hier lernen, pragmatisch anzupacken und mit den Menschen zu arbeiten, zahlreiche Fotos zeigen ihn dabei. In Interviews betonen seine ehemaligen Gemeindemitglieder, dass »ihr« Bischof sich auf sie eingelassen und gleichzeitig von ihnen auch manches an Lebensweise übernommen habe: Er liebe Ceviche und Hühnchen, trinke leidenschaftlich gerne Inka-Cola. In einem Interview mit *Vatican News* gab César Piscoya Einblick in die Arbeitsweise des heutigen Papstes: »Er sagte zu mir: ›César, wir müssen in Einheit arbeiten. Unsere Leute, unsere Gemeinschaft, unser Bistum müssen verstehen, wie wichtig es ist, gemeinsam Verantwortung zu tragen.‹ Er hat mir den Rücken gestärkt und ein gemeinsames Arbeiten von Priestern, Ordensleuten und Laien gefördert.«[98]

Eine der zentralen Fragen, die sich Millionen von Menschen nach der Wahl stellten, war die Frage nach der Rolle der Laien und besonders der Frauen. Laut Piscoya habe Prevost als Bischof damit begonnen, »Frauen an strategisch wichtigen Stellen einzusetzen – in Entscheidungsfunktionen, nicht nur im Hintergrund«. Heißt das, dass Leo XIV. einen ähnlichen Weg wie Franziskus gehen wird, indem er Laien immer stärkere Stellungen einräumen wird? Und bedeutet das, dass er vielleicht sogar weiter als Franziskus gehen wird, wenn es um die Rolle der Frau in der Kirche geht? Aus seinen direkten Äußerungen kann man darauf nicht schließen, so sagte er einmal sinngemäß, als er zur Frauenordination befragt wurde: »Die apostolische Tradition ist etwas, das sehr deutlich erklärt worden ist, besonders bezüglich der Frage der Priesterweihe von Frauen. Man kann nicht einfach sagen: ›Wisst ihr was, zum jetzigen Zeitpunkt werden wir die Tradition der Kirche nach 2000 Jahren in einem dieser Punkte ändern.‹« Sein Wirken als Bischof, und das mag manche enttäuschen, gibt jedenfalls keine Anhaltspunkte dafür her, dass Leo XIV. die Lehre der Kirche diesbezüglich radikal ändern will. Auch das muss nichts heißen. Doch sollten alle, die ihn bereits als großen Reformer feiern, das zur Kenntnis zu nehmen, wenn Hoffnungen und Träume formuliert werden.

Ein Nachtrag noch aus dem Interview mit César Piscoya, der den neuen Papst auch noch weiter charakterisiert: »Wenn wir weinen, weint er mit uns. Wenn wir lachen, lacht er mit uns. Er ist emotional, sensibel und teilt sowohl Träume als auch Sorgen.« Apropos Humor, schon bald machte ein Wortwitz die Runde: »Ich bin kein Fan von einem Papa, nur von Papa zum Essen.« Der Hintergrund: Auf Spanisch heißt Papa(ta) sowohl »Kartoffel« als auch »Papa« – und damit auch »Papst«.

Zurück nach Rom

In seinen ersten Ansprachen betonte der neue Papst immer wieder ein Thema: Frieden. Wie Franziskus sein Pontifikat mit einem »Buona sera« durchaus programmatisch eingeleitet hatte, so setzte Leo XIV. mit dem »Friede sei mit euch« ohne Zweifel auch ein deutliches Zeichen. In den folgenden Tagen sollte er das wieder und wieder tun, sei es mit dem berühmten »Nie wieder Krieg« bei seinem ersten Angelus oder seinem eindringlichen Appell: »Lasst uns zusammenkommen, lasst uns miteinander reden, lasst uns verhandeln! Krieg ist niemals unvermeidlich, Waffen können und müssen schweigen, denn sie lösen keine Probleme, sondern verschärfen sie.« Frieden, das wird relativ schnell klar, liegt dem neuen Papst am Herzen. Damit ist der Weltfriede natürlich gemeint, gewissermaßen der äußere Frieden. Aber Leo scheint auch den inneren Frieden zu meinen, den internen Frieden innerhalb der Kirche, der Gemeinschaft, der Familie. Ein Frieden, für den er bei all seinen Stationen selbst offenbar erfolgreich eintrat. Überall gilt er als diplomatisch und als pragmatisch, als von Liberalen wie Konservativen in der Kirche gleichermaßen geschätzter Kirchenoberer, der als Ordensmann international vernetzt ist und mehrere Sprachen spricht. Er vereinigt in sich solide Theologie und pastorale Erfahrung, internationale Kompetenz und römische Verwaltungsautorität. Ein Hardliner oder Ideologe, so lassen alle Quellen verlauten, ist Leo XIV. gewiss nicht. Mit Sicherheit waren es auch diese Qualitäten, die ihn schon bald in der Wahrnehmung Franziskus' weiter steigen ließen: Keine vier Jahre nach seiner Ernennung zum Bischof wurde Prevost in die vatikanische Kongregation für den Klerus, im November 2020 in die Kongregation für die Bischöfe berufen, zu deren Präfekt er, inzwischen umbenannt in Dikasterium für die Bischöfe, am 30. Januar 2023 ernannt wurde. Das neue Amt trat er am 12. April 2023 an. Nun wohnte er wieder, wo er bereits als Generalprior gelebt hatte: in der Generalkurie seines Ordens. Bald darauf wurde er auch Präsident der Päpstlichen Kommission für Lateinamerika.

Bei einem Vortrag in der Pfarrei St. Jude in Chicago erklärte Prevost im August 2023, warum ihn der Papst aus Peru abgezogen und an die Spitze des Dikasteriums für die Bischöfe geholt habe. Franziskus habe ihn »speziell deshalb nominiert, weil er nicht wollte, dass jemand aus der römischen Kurie diese Rolle übernimmt«. »Er wollte einen Missionar; er wollte jemand von außerhalb; er wollte jemanden, der eine andere Perspektive einbringt.«[99] Das prädestinierte Prevost in den Augen Franziskus', zumindest stellte er es damals so dar, für seine neue Position. Gegenüber dem *Catholic News Service* sagte er erst im März 2024, die Entscheidung von Franziskus im Jahr 2022, auch drei Frauen in das Dikasterium zu holen und sie zu Vollmitgliedern zu machen, hänge damit zusammen, ihnen die Möglichkeit zu geben, bei der Auswahl von Bischöfen mitzuwirken, »einen wichtigen Beitrag zu leisten zum Prozess der Unterscheidung bei der Suche nach den hoffentlich besten Kandidaten für den Dienst an der Kirche im bischöflichen Amt«[100]. Und schließlich, nur wenige Tage vor seiner Wahl, fasste Prevost in einem Interview mit *Vatican News* seine Zeit als Missionar sowie den Wechsel nach Rom so zusammen:

> »Ich betrachte mich immer noch als Missionar. Meine Berufung ist es, wie die jedes Christen, ein Missionar zu sein, das Evangelium zu verkünden, wo immer man ist. Sicherlich hat sich mein Leben sehr verändert: Ich habe die Möglichkeit, dem Heiligen Vater zu dienen, der Kirche zu dienen, heute, hier, von der römischen Kurie aus. Eine ganz andere Aufgabe als früher, aber auch eine neue Gelegenheit, eine Dimension meines Lebens zu leben, die darin bestand, einfach immer Ja zu sagen, wenn ich um einen Dienst gebeten wurde. In diesem Geist habe ich meine Mission in Peru beendet, nach achteinhalb Jahren

als Bischof und fast zwanzig Jahren als Missionar, um in Rom eine neue zu beginnen.«[101]

Dass Prevost keine Woche später eine komplett andere neue Mission in Rom beginnen sollte, das ahnte in diesem Moment niemand.

Der innere oder interne Friede scheint für Leo XIV. also nicht nur eine Frage der Harmonie zu sein. Er begreift das offenbar als zentrale Leitungsaufgabe einer Führungskraft, nicht nur ein *Nice to have*. Das wird angesichts der Grabenkämpfe in der Kurie von enormer Bedeutung sein. Die Herausforderung, vor der der neue Papst steht, ist enorm. Seine bisherigen Aufgaben sind naturgemäß angesichts dessen sicherlich vergleichbar leichter einzuschätzen. Und dennoch dürfen seine Erfolge im binnendiplomatischen Bereich nicht unterschätzt werden, nämlich die Tatsache, dass er als Ordensoberer wiedergewählt wurde, aber auch, dass es Prevost als zweiter stellvertretender Vorsitzender der Peruanischen Bischofskonferenz gelungen war, Spannungen in der stark polarisierten Bischofskonferenz abzubauen. Dreizehn Monate lang, von April 2020 bis Mai 2021, musste er außerdem zusätzlich zu seiner Diözese interimistisch auch das Bistum Callao leiten, in dem die gleichnamige Hafen- und Millionenstadt Callao liegt – als päpstlicher Blaulichtverwalter und Krisenmanager sozusagen, bis ihn nach der Sedisvakanz der Comboni-Missionar Luis Alberto Barrera Pacheco ablöste. All das scheint er effizient und effektiv erledigt zu haben – nicht anders ist es zu erklären, dass er bereits fünf Monate nach seinem Amtsantritt in Rom auf der Liste der neuen Kardinäle stand. Es sollte das vorletzte Konsistorium, so nennt man die Zeremonie der Kardinalserhebung, von Papst Franziskus sein, bei dem auch zwei Jesuiten, Stephen Chow Sau-yan (Hongkong) und Ángel Sixto Rossi (Argentinien), der Lateinische Patriarch von Jerusalem Pierbattista Pizzaballa sowie der neue Präfekt des Dikasteriums für die Glaubenslehre und enge Papst-Vertraute Víctor Manuel Fernández den »roten Hut« erhielten. Zuerst Kardinaldiakon mit der erstmals (und bisher nur einmal vergebenen) Klosterkirche des Augustinerkollegs als Titeldiakonie, erhob ihn der Papst schon im Februar 2025 zum Kardinalbischof des suburbikarischen Bistums Albano. Dieses war seit dem Tod des früheren Kardinalstaatssekretärs und Kardinaldekans Angelo Sodano unbesetzt geblieben – auch das im Nachhinein bezeichnend, war Sodano doch lange Jahre eine der prägendsten Figuren der katholischen Kirche gewesen.

Wirklich nur Positives: Kann das sein?

Überall packt nun jede und jeder die Erinnerungen aus: in Chiclayo, in Chicago, in Rom, in München oder in Wien. Und weltweit wird natürlich danach »gefahndet«, ob es tatsächlich einen »lupenreinen Lebenslauf« gibt, ohne Leerstellen oder Führungsfehler. Ich mache mir keine Illusionen darüber, dass schnell Vorwürfe aufkommen werden, wie es in den ersten Stunden nach der Wahl bereits der Fall war: nämlich im Umgang mit Missbrauchstätern. Zwar wird dem Papst attestiert, dass er immer auf der Seite der Opfer gestanden habe, sowohl als Oberer in Chicago wie als Bischof von Chiclayo, aber es gibt auch Kritik an einzelnen Fällen, beispielsweise wegen einer Versetzung in Chicago und zweier Vorkommnisse in Peru. Sie kommen aus der Ecke der Gemeinschaft Sodalicio de Vida Cristiana (SCV), die Papst Franziskus, dem Prevost dabei sekundierte, im Januar 2025 wegen Macht- und sexuellem Missbrauch aufgehoben hat. Die Gemeinschaft trat vehement gegen die lateinamerikanische Befreiungstheologie auf. 1994 bischöflich und 1997 päpstlich bestätigt, akzeptierte sie ihre kirchenrechtliche Auflösung. Erst vor wenigen Wochen, am 1. April 2025, kam auch für den weiblichen Zweig das Aus[102]. Kardinal Blase Joseph Cupich, seit 2014 Erzbischof von Chicago und damit in gewisser Weise Prevosts Heimatbischof, sagte am 11. Mai im Interview mit *America Magazine* zu Vorwürfen, als Ordensoberer und Bischof sei Prevost unsachgemäßer Umgang mit Missbrauchstätern nachzuweisen:

> »Alles, was ich gesehen habe, wie er hier in Rom oder in Peru mit solchen Fragen umgegangen ist, sagt mir, dass er sich für eine Agenda einsetzt, die ein sicheres Umfeld für Kinder schafft und auch Heilung fördert. Wenn er mit Fällen konfrontiert wurde, hat er die üblichen Dinge getan: Er hat die Opfer besucht, er hat den Priester entfernt, er hat eine Untersuchung eingeleitet, er hat die Polizei informiert und er hat Rom Bericht erstattet. Das sind die Schritte, die in ›Vos Estis Lux Mundi‹ vorgeschrieben sind, aber auch in der Charta, die wir in den Vereinigten Staaten haben und die viele Länder übernommen haben. Alles, was ich gesehen habe, zeigt also, dass er die korrekten Verfahren eingehalten hat, und die Leute, die diese Anschuldigungen erheben, legen keine Beweise vor.«[103]

Dass Leo XIV., der bereits Reisepläne schmieden lässt, zuerst Peru und danach erst die USA bereisen wird, ist anzunehmen. Weniger als eine Woche nach seiner Wahl sickerte durch, dass wegen des Konzilsjubiläums doch wieder an Nizäa/İznik gedacht ist. An der feierlichen Amtseinführung am 18. Mai wollte auch der Ökumenische Patriarch Bartholomaios teilnehmen. Auch von der Ukraine war die Rede. Peru und die USA sind sicher »logische Ziele«, anders offenbar als bei Franziskus, der nach seiner Wahl nie mehr in seine Heimat Argentinien zurückkehrte.

Als Cupich gefragt wurde, ob er den neuen Papst bereits nach Chicago eingeladen habe, verneinte er:

> »Ich hatte noch nicht die Gelegenheit, ihn einzuladen. Ich hoffe, dass er, wenn er die Vereinigten Staaten besucht, Chicago zu seiner ersten Station machen wird. Ich denke, dass er ein Mensch ist, der die Notwendigkeit ernst nimmt, hier in Rom zu bleiben, um sich mit einigen sehr ernsten Themen zu befassen. Er wird reisen, aber ich denke, dass er auch die Rolle sieht, sich mit einigen der ernsten Fragen der Reform der Kurie zu befassen, und das wird eine wichtige Priorität für ihn sein, bevor er reist.«[104]

Die delikate Frage, wie es zwischen Leo XIV. und Präsident Trump laufen könnte, beantwortete er diplomatisch:

> »Ich denke, dass er ihn als gewählten Führer eines Landes mit Respekt behandeln wird. Das wird er mit allen Staatsoberhäuptern tun, denn er will sicherstellen, dass er Brücken baut. Ich denke, dass er seine Meinung sagen wird. Papst Franziskus hat seine Meinung gesagt. Ich denke, er wird die Agenda fortsetzen, die Papst Franziskus und der Heilige Stuhl seit vielen Jahrzehnten verfolgen. Wir haben das älteste diplomatische Korps der Welt. Wir wissen, wie man Diplomatie betreibt, und ich denke, er wird sich auf die Fachleute des Staatssekretariats im Vatikan verlassen, die ihn bei diesen Diskussionen leiten werden.«

Dass zum ersten Mal in der Geschichte ein englischsprachiger Papst gewählt wurde, sei alles andere als ein Nachteil oder ein Hindernis:

> »Ich denke, der Vorteil ist auch die Tatsache, dass wir einen Amerikaner haben, der wie ein Amerikaner zum amerikanischen Volk spricht. Dies ist eine Gelegenheit für die Kirche, eine weitere Plattform zu haben, um über das soziale Evangelium zu sprechen, vielleicht auf eine Art und Weise, die die amerikanischen Katholiken noch nicht gehört haben, und das wird ihm eine neue Gelegenheit geben, das Evangelium wieder einzuführen. Ich hoffe, das wird einige Herzen und Köpfe verändern.«[105]

Im August 2024 kehrte Kardinal Prevost, bereits als Präfekt des Dikasteriums für die Bischöfe, zum letzten Mal nach Chiclayo zurück. Er hatte vorher an einer Feier in Chulucanas in der Nähe von Piura teilgenommen, wo die Gründung der Diözese vor 60 Jahren begangen wurde und wo er vor 40 Jahren ebenfalls als Missionar tätig gewesen war. In seiner Sonntagspredigt sagte er am 11. August, sich auf die Lesung aus dem ersten Buch der Könige beziehend (1 Kön 19), wir wollten manchmal nur mehr resigniert davonlaufen:

> »Auch wenn wir müde sind, wenn wir vielleicht viel leiden, wenn wir uns wie der Prophet Elija fühlen und sagen: ›Genug, Herr, ich kann nicht mehr.‹ Der Herr kommt, um uns die Kraft zu geben, die wir brauchen, und begleitet uns. Manchmal stößt er uns an, hebt uns hoch und sagt: ›Geh weiter.‹ Und eine der Möglichkeiten, wie er uns sagt, dass wir weitergehen sollen, ist gerade dann, wenn wir in der Gemeinschaft versammelt sind. Alleine schaffen wir es vielleicht nicht, aber wenn wir mit unseren Schwestern und Brüdern zusammen sind, wenn wir mit unseren Freunden zusammen sind, wenn wir gelernt haben, eine Gemeinschaft zu bilden, in der wir Unterstützung, Ermu-

> tigung und Trost erfahren, dann erkennen wir, dass, wie Jesus selbst versprochen hat, wo zwei oder drei in meinem Namen versammelt sind, da bin ich mit ihnen, und der Herr ist wirklich mit uns.«[106]

Eines ist sicher: Leo XIV. wird nach Peru zurückkehren. Dort wird man ihm einen triumphalen Empfang bereiten. Er war als Bischof immer einer der ihren, ohne amerikanischen Dünkel, ohne postkoloniales Gehabe, ein wahrer »Hirte mit dem Geruch des Volkes«, wie es Franziskus stets von Bischöfen erwartete, die sich nicht als Barockfürsten aufspielen sollen: »Pastori, non principi«. Am Ende der Familiensynode 2014/15 hatte der Papst jedem Bischof, der die Synodenaula verließ, ein kleines Buch seines argentinischen Mitbruders Diego Fares (1955–2022) in die Hand gedrückt: *Il profumo del pastore – Il vescovo nella visione del Papa Francesco* (Milano 2015). Eine daraus für die *Civiltà Cattolica* verfasste Zusammenfassung in Artikelform erschien 2015 in deutscher Übersetzung auch in den *Stimmen der Zeit*: »Hirten, nicht Herrscher«[107]. Franziskus hatte als Provinzial Fares 1976 in den Orden aufgenommen und nahm im Juli 2022 als Papst persönlich am Requiem in der Jesuitenkurie in Rom teil.

»Am liebsten wäre ich in Chiclayo geblieben, aber man muss in allen Phasen des Lebens gehorchen«, sagte Kardinal Prevost am 14. März 2023 in einer Ansprache an peruanische Bischöfe, als diese ihm für sein jahrzehntelanges Wirken in ihrem Land die Goldmedaille des Heiligen Toribio de Mogrovejo verliehen. Dabei ließ er auch durchblicken, dass er nicht immer einer Meinung mit Kardinal Bergoglio gewesen sei. Seine Zeit in Peru, sagte er, sei »ein großer Schatz« gewesen, der Ruf nach Rom im Jahr 2023 habe ihn »nicht ganz glücklich« gemacht. Seine Verbindung mit Peru reiche bis in die Kindheit zurück, als ihm ein

Onkel einen »Chulla« geschenkt habe: eine bunte traditionelle Wollmütze aus den Anden: »Meine peruanische Ausbildung begann in einem sehr zarten Alter.« Durch den *Senor de los Milagros* (»Herr der Wunder«), ein auf eine Lehmwand gemaltes Christusbild aus dem 17. Jahrhundert, das jetzt in einer Kirche im Zentrum von Lima aufbewahrt wird, werde das Land immer in seinem Herzen wie in seinen Gebeten präsent bleiben.[108] Man muss kein Prophet sein: Leo XIV. wird den Christus von Pachacamilla, wie das Bild nach dem Stadtviertel auch genannt wird, wiedersehen.

Die Loyalität zu Peru, seine Fähigkeiten als Ordensoberer, die »Option für die Armen«, sein Einsatz für den Frieden, die Tatsache, dass der neue Papst zuhört und nicht sofort urteilt, das Kosmopolitentum und die Bodenständigkeit zugleich: Vieles deutet darauf hin, dass Leo XIV. einiges mitbringt, was sich die Millionen von Gläubigen erhofft haben. John L. Allen fasste es treffend im vorher zitierten Artikel zusammen, hier wieder frei wiedergegeben: »Im Grunde gibt es drei Qualitäten, nach denen die Kardinäle jedes Mal suchen, wenn sie einen möglichen Papst unter die Lupe nehmen: Sie wollen einen Missionar, jemanden, der dem Glauben ein positives Gesicht geben kann; einen Staatsmann, jemanden, der auf der Weltbühne mit den Donald Trumps, Vladimir Putins und Xi Jinpings dieser Welt zurechtkommen kann; und einen Steuermann, jemanden, der die Kontrolle über den Vatikan übernimmt.«

Wird Leo XIV. diese Qualitäten bestätigen? Angesichts der Herausforderungen, vor denen er und die Kirche steht, ist es zu hoffen.

Was wir vom neuen Papst erwarten können

Was sich abzeichnet: Der Papst als Teamworker

Auf die Messe mit den wahlberechtigten Kardinälen in der Sixtina am Tag nach der Wahl, bei der Leo XIV. zuerst einige Sätze auf Englisch sagte, folgte tags darauf eine weitere Begegnung mit den 132 Purpurträgern in der Synodenaula. Zu spüren war: Leo XIV. kann kein »Kompromisskandidat« gewesen, er muss auf überwältigende Zustimmung gestoßen sein. Dass er die Kardinäle als »die engsten Mitarbeiter des Papstes« ansprach, erinnerte an Franziskus, der sich immer wieder auf die Beratungen im Vorkonklave bezogen hatte. Mehrmals erwähnte Leo XIV., wie dem danach veröffentlichten Manuskript zu entnehmen ist, das Zweite Vatikanische Konzil und *Evangelii gaudium*, das erste große Schreiben von Franziskus. Im Anschluss gab es eine längere Aussprache. Der neue Papst bewies auch dabei, dass er zuhört, dass er sich einlässt – und dass er die Kardinäle einbinden will, so sehr es dabei auch darauf ankommen wird, wie er sein Team zusammenstellen wird: wen er bestätigt, wen er neu dazuholt. Wird der Kardinalsrat zum Beispiel weitergeführt, abgeschafft oder durch ein neues Gremium ersetzt? Interessant auf jeden Fall: Der Vatikan veröffentlichte einige Tage nach der Wahl eine kurze Mitteilung, dass sich der neue Papst Zeit nehmen wolle für die Benennung seiner Mitarbeiterinnen und Mitarbeiter. Das Team muss passen, so das Signal. Weil das offensichtlich essenziell für die Arbeits- und Denkweise Leos XIV. ist – was man nicht immer von allen Päpsten behaupten konnte.

»Nomen est omen«: Was der Name Leo bedeutet

Jorge Mario Bergoglio wählte nicht aus 83 bisherigen Namen aus, sondern entschied sich für Franziskus. Robert Francis Prevost dagegen reihte sich in die Nomenklatur-Ahnengalerie ein: Leo, italienisch Leone, ist gewissermaßen ein Klassiker. Vincenzo Gioacchino Pezzi, von 1846 bis 1878 Bischof von Perugia, seit 1853 Kardinal und ab 1877 Kardinalkämmerer, war ab 20. Februar 1878 (zu diesem Zeitpunkt 68 Jahre alt[109]) Leo XIII., der bislang letzte dieses Namens. Als er gewählt wurde, war Pezzi als Übergangspapst gedacht; er brachte es aber überraschenderweise auf über 25 Jahre im Amt. Leo XIII. war der erste Papst der Neuzeit ohne Kirchenstaat, doch anstatt diesem nachzutrauern, brach er die Isolation seines Vorgängers auf, nutzte die neue Situation und konnte sich nach dem Augsburger Kirchenhistoriker Jörg Ernesti »als überparteilicher Friedensvermittler auf der internationalen Bühne empfehlen«[110]. Er suchte das Gespräch mit der (Außen-)Welt und landete mit der ersten Sozialenzyklika der Geschichte einen Coup. Leo XIII. galt als »Arbeiterpapst«, Leo XIV. tritt in seine Fußstapfen. Dass auch Leo XIV. von Anfang an von Frieden (*pace*) sprach, ist deswegen kein Zufall oder dem Augenblick geschuldet. Auch die Themen Armut, Ausbeutung, soziale Not, Gerechtigkeit kennt er aus seiner Zeit als Bischof in Peru. In den ersten Tagen nannte der neue Papst auch konkret Gründe für seine Namenswahl:

> »Es gibt verschiedene Gründe, aber in erster Linie, weil Papst Leo XIII. mit der berühmten Enzyklika *Rerum novarum* die soziale Frage im Zusammenhang mit der ersten großen industriellen Revolution angesprochen hat. Und heute bietet die Kirche allen den Schatz ihrer Soziallehre an, um auf eine weitere industrielle Revolution und auf die Entwicklungen der künstlichen Intelligenz zu antworten, die neue Herausforderungen im Hinblick auf die Verteidigung der Menschenwürde, der Gerechtigkeit und der Arbeit mit sich bringen.«[111]

Der erste Leo (400/01–460), oft »der Große« genannt, war mit der Implementierung der Beschlüsse des Konzils von Chalkedon (451 n. Chr.) beschäftigt und arbeitete am Profil des römischen Primats. Neben Leo III. (795–816), einem Benediktiner, und Leo IX. (1049–1054), der die Gregorianische Reform umsetzte, sticht besonders der Medici-Papst Leo X. hervor, während dessen Amtszeit (1513–1521) es zur Bannandrohungsbulle *Exsurge Domine* (15. Juni 1520) und keine sechs Monate später (3. Januar 1521) zur tragischen Exkommunikation Martin Luthers kam. Ironie der Geschichte: Luther war Augustinermönch – Leo XIV. gehört demselben Orden an.

Tag drei: »Ein Papst büxt aus«

Nicht nur der Ende 2024 in die Kinos gekommene, oscarprämierte Film *Konklave* machte in diesen Wochen von sich reden. Auch ein anderer Film, längst auf DVD erhältlich oder zu streamen, weckte erneut Interesse. Nanni Moretti brachte 2011 den italienisch-französischen Film *Habemus papam – Ein Papst büxt aus* (Originaltitel: *Habemus Papam*) nach der Präsentation in

Cannes in die Kinos. Kardinal Melville, ein absoluter Außenseiter, wird überraschend zum Papst gewählt, zeigt sich aber nicht auf dem Balkon, nachdem sein Name proklamiert wurde. Die Öffentlichkeit hört hinter dem roten Vorhang nur einen Schrei – sie ist ebenso irritiert, wie die Kardinäle ratlos sind. Gewählt, verkündet, aber nicht präsentiert. Papst, aber unsichtbar. Regisseur Moretti spielt selbst den Psychoanalytiker Professor Brezzi, der über die psychische Krise hinweghelfen soll, während der polnische Pressesprecher des Vatikans die Öffentlichkeit vertröstet und die nervösen Kardinäle beruhigt.

Ein grandioser Michel Piccoli (1925–2020) spielt den hypernervösen, verzweifelten neuen Pontifex, der sich in Zivilkleidung – keiner außer den Kardinälen weiß, dass er der neue Papst ist – in die Stadt aufmacht, zusammen mit dem Vatikansprecher und einigen Leibwächtern. Er besucht Brezzis Frau, die ebenfalls Psychoanalytikerin ist, in deren Praxis – und entwischt danach seinen Begleitern, um sich ganz normal unters Volk zu mischen, das einen leicht desorientierten älteren Herrn erlebt. Währenddessen bewegt ein in der Papstwohnung abgestellter Schweizergardist die Vorhänge, um die Anwesenheit des Papstes vorzutäuschen, die Kardinäle spielen unter Anleitung von Professor Brezzi Volleyball und üben sich in gruppenpsychologischen Übungen. Und der neue Papst, der einmal Schauspieler werden wollte, begegnet einer Schauspielertruppe und landet schließlich in dem Theater, wo diese »Die Möwe« von Anton Tschechow aufführen. Hier wird er aufgespürt und in den Vatikan zurückeskortiert. Die Präsentation auf der Benediktionsloggia wird nachgeholt, Kardinal Melville nun in den päpstlichen Gewändern. Doch die Balkonszene endet mit einem Desaster: Er teilt mit, dass er sich außerstande sehe, sein Amt anzutreten, und tritt zurück, um eine Neuwahl zu ermöglichen. Blankes Entsetzen – bei den Kardinälen wie bei der Menge unten auf dem Petersplatz.

Das war bei Robert Francis Prevost, Leo XIV., nicht zu befürchten. Der agile 69-jährige Papst verließ gleichwohl am zweiten Tag nach seiner Wahl den Vatikan und reiste, wie abends bekannt gegeben wurde, ins 60 Kilometer von Rom entfernte Genazzano, eine 5700 Einwohner zählende Gemeinde und bekannter Wallfahrtsort, der von Augustinern betreut wird. In der Wallfahrtskirche der »Mutter vom Guten Rat« (*Santuario della Madonna del Buon Consiglio*) betete er, wie zuvor schon andere Päpste, darunter Benedikt XVI., vor dem spätmittelalterlichen Gnadenbild der Madonna, das einer Legende nach aus Albanien stammen soll. Leo XIV. wurde von den Menschen erkannt, die ihm zujubelten. Auf dem Rückweg ließ er in Santa Maria Maggiore stoppen, legte am Grab seines Vorgängers Franziskus eine weiße Rose nieder – davon veröffentlichte der Vatikan ein Foto – und betete vor der Marienikone »Salus Populi Romani«, die seinem Vorgänger so viel bedeutet hat.

Als ich tags darauf um 10 Uhr den Sonntagsgottesdienst auf dem Campo Santo Teutonico, dem deutschen Päpstlichen Priesterkolleg auf dem Territorium des Vatikans, wo auch das Römische Institut der Görres-Gesellschaft seinen Sitz hat, besuchen wollte, passierte ich zuerst, an zwei Schweizergardisten vorbei, das Tor, bis ich zurückbeordert wurde: Ich solle kurz warten. Aus allen Richtungen tauchten Sicherheitsleute auf, was mich etwas vermuten ließ. Dann sah ich den neuen Papst, der sich gerade an der Aula Paolo VI vorbei in den Palazzo dell'Uffizio begab, begleitet von zwei oder drei Priestern und Security-Leuten. Die wartende deutsche Pilgergruppe klatschte – und der Priester begann die Messe mit sieben Minuten Verspätung.

Auf diesen ersten kurzen, näheren Blick auf den neuen Papst folgte am nächsten Tag in der Aula Paolo VI die Audienz für die internationale Presse, der Andrang war gewaltig. Als er die Halle um 11 Uhr betrat, gab es Standing Ovations: »Viva il Papa!«

Leo XIV. begrüßte Tausende Journalistinnen und Journalisten mit den Worten »Buongiorno! Good morning!«, gefolgt von ein paar Sätzen in seiner Muttersprache, bei denen er Humor bewies: »Man sagt, wenn die Leute am Anfang applaudieren, bedeutet das nicht viel. Entscheidend ist, ob sie am Ende noch wach sind.« Es war keine lange Rede, der neue Papst kam gleich auf den Punkt: Zunächst dankte er allen Medienschaffenden für ihren Einsatz in den letzten Tagen und Wochen. Er erklärte sich danach solidarisch mit inhaftierten Journalisten, sprach vom »kostbaren Geschenk der Meinungs- und Pressefreiheit«, das zu schützen sei, und bat um eine faire Berichterstattung über kirchliche Themen, ohne dabei »Klischees und Stereotypen« zu bedienen. Friede gelinge dort, wo eine andere Kommunikation praktiziert werde, »die nicht um jeden Preis nach Konsens strebt, keine aggressiven Worte verwendet, nicht der Kultur des Wettbewerbs folgt und die Suche nach der Wahrheit niemals von der Liebe trennt, mit der wir demütig danach suchen sollen«. Und der Frieden beginne bei jedem selbst: »In der Art, wie wir andere ansehen, ihnen zuhören und über sie sprechen. In diesem Sinne ist die Art und Weise, wie wir kommunizieren, von grundlegender Bedeutung: Wir müssen ›Nein‹ sagen zum Krieg der Worte und Bilder, wir müssen das Paradigma des Krieges ablehnen«. Wie schon vorher einmal, nannte er künstliche Intelligenz (KI) eine große Herausforderung – »mit ihrem immensen Potenzial, das jedoch Verantwortung und Urteilsvermögen erfordert, um sicherzustellen, dass sie zum Wohle aller eingesetzt werden kann«[112].

Fragen waren in diesem Moment nicht vorgesehen, davon unterschied sich dieser erste Pressetermin von dem im März 2013 mit Papst Franziskus. Während Leo XIV. im Anschluss an seine Rede, etwas verhalten zunächst, einige Journalisten per Handschlag begrüßte, brandete plötzlich heftiger Applaus auf, als er –

auf den großen Bildschirmen gut mitzuverfolgen – mit Federico Lombardi sprach. Der 82-jährige Jesuit, der bei der Civiltà Cattolica arbeitete und danach die italienische Jesuitenprovinz leitete, ist seit Jahrzehnten für den Vatikan tätig: Er war Programm- und später Generaldirektor von *Radio Vatikan*, dazwischen Direktor von *Centro Televisione Vaticano*, um dann Pressesprecher des Vatikans zu werden, von 2006 bis 2013 – und damit eines der bekanntesten Gesichter des Vatikans, stand er doch bei den Fliegenden Pressekonferenzen jeweils neben dem Papst und moderierte. Federico ist eine Autorität – es würde mich nicht wundern, wenn er Kardinal würde. Verdient hätte er den »roten Hut«.

Eher für Kontinuität als für einen Bruch stehe der neue Papst, war in den Tagen nach dem Konklave zu hören und zu lesen. Leo XIV. setzt, so konnte man bei dieser Pressekonferenz und auch anderen Begebenheiten nach seiner Wahl den Eindruck gewinnen, die Linie seines Vorgängers fort, nimmt Franziskus' Themen auf und schreibt sie weiter. Dazu hat er sich von Anbeginn an bekannt, als er beispielsweise in seiner Ansprache an das Kardinalskollegium sagte: »Und in diesem Zusammenhang möchte ich, dass wir heute gemeinsam unsere volle Zustimmung zu diesem Weg erneuern, den die Weltkirche seit Jahrzehnten in der Folge des Zweiten Vatikanischen Konzils eingeschlagen hat. Papst Franziskus hat dessen Inhalte in dem Apostolischen Schreiben *Evangelii gaudium* ausgezeichnet in Erinnerung gerufen und aktualisiert, von denen ich einige grundlegende Aspekte hervorheben möchte: die Rückkehr zum Primat Christi in der Verkündigung (vgl. Nr. 11); die missionarische Umkehr der gesamten christlichen Gemeinschaft (vgl. Nr. 9); das Wachstum in der Kollegialität und der Synodalität (vgl. Nr. 33); die Aufmerksamkeit für den *sensus fidei* (vgl. Nr. 119–120), insbesondere in seinen typischsten und inklusivsten Formen wie der Volksfrömmigkeit (vgl. Nr. 123); die liebevolle Sorge für die Geringsten der Ausgestoßenen (vgl. Nr. 53); den mutigen und vertrauensvollen Dialog mit der heutigen Welt und ihren verschiedenen Elementen und Gegebenheiten (vgl. Nr. 84; Zweites Vatikanisches Konzil, Pastoralkonstitution *Gaudium et spes*, 1–2).«

Und auch andere, beispielsweise sein Bruder John, bestätigen die Vermutung einer gewissen Kontinuität, freilich nicht ohne eigene Akzente zu setzen. Leo XIV. habe seinen Vorgänger Franziskus schon gekannt und geschätzt, bevor dieser Papst geworden sei, und er, John, sei überzeugt davon, dass sein Bruder in Franziskus' Fußstapfen treten werde, denn: »Ich denke, weil sie beide gleichzeitig in Südamerika waren – in Peru und in Argentinien –, hatten sie die gleichen Erfahrungen in der Missionsarbeit und in der Arbeit mit den Unterdrückten.« »Er ist ein harter Arbeiter, der die Kirche in vielerlei Hinsicht mit der gleichen Vision angeht wie Papst Franziskus«, meinte wiederum Kardinal Cupich, einer der zehn amerikanischen Wahlmänner im Konklave. Er erinnerte an die ersten Worte seines Landsmanns auf der Benediktionsloggia, die er bei der Begegnung mit den Kardinälen zwei Tage später wiederholt habe, nämlich »dass er für eine synodale Kirche ist. Das hat er neulich [am 10. Mai] mit den Kardinälen demonstriert, indem er nach einer kurzen Ansprache etwa anderthalb Stunden lang den Kardinälen zuhörte, die ihre Fragen stellten. Darum geht es also in der synodalen Kirche; es geht um Lehre, aber auch um Zuhören. Er hat selbst gezeigt, dass er für eine synodale Kirche ist.«[113]

In dem bereits zitierten Interview mit Andrea Tornelli heißt es: »Wir müssen lernen, wirklich auf den Heiligen Geist und den Geist der Wahrheitssuche zu hören, der in der Kirche lebt. Wir müssen von einer Erfahrung, in der die Autorität spricht und damit alles klar ist, zu einer Kirchenerfahrung übergehen, die die Charismen, Gaben und Ämter in der Kirche zur Geltung kommen lässt. Das bischöfliche Amt leistet einen wichtigen Dienst, aber dann müssen wir all dies in den Dienst der Kirche stellen – in diesem synodalen Geist, der einfach bedeutet, dass wir alle zusammen gehen und gemeinsam suchen, was der Herr in dieser unserer Zeit von uns verlangt.« In dem Interview hatte der Bald-Papst die Stimmen, die den Kurs Franziskus' und das Megaprojekt Synodalität kritisiert hatten, dezent angesprochen und sie zur Mitarbeit eingeladen. Nach der Wahl gab es tatsächlich prominente Kirchenmänner, die den neuen Pontifex zu einem Kurswechsel aufforderten, die sich eine markante Zäsur und deutliche Kurskorrektur erhoffen – die bisherigen Äußerungen Leos lassen eine solche radikale Wendung allerdings nicht vermuten.

Eine neuer Kurs oder: Endlich wieder »Klarheit in der Lehre«?

Zwar wunderte es mich nicht, dass ein Verwundeter verwundet und »austeilt«, aber ich ärgerte mich etwas darüber: Praktisch zeitgleich mit der Begegnung von Leo XIV. mit Medienvertretern aus aller Welt erschien am 12. Mai in deutscher Übersetzung ein Interview, das der frühere Privatsekretär von Benedikt XVI. und jetzige Nuntius im Baltikum, Erzbischof Georg Gänswein, dem *Corriere della sera* gegeben hatte. Darin wurde er zitiert: »Ich glaube, was es jetzt braucht, ist Klarheit in der Lehre. Die Verwirrung dieser Jahre muss überwunden werden.« Ich fragte mich: Muss ein ehemaliger Präfekt des Päpstlichen Hauses alte Rechnungen aufmachen und Franziskus in den Senkel stellen? »Der Name und die Kleidung« des neuen Papstes, so Gänswein, hätten gezeigt, »dass es keine Kontinuität geben wird, sondern eine völlig neue Phase«. Aus der Ferne nahm er eine »weit verbreitete Erleichterung« wahr, nach einer »Zeit der Willkürlichkeit« könne man nun darauf vertrauen, dass Leo XIV. »in der Lage ist, Stabilität zu garantieren und sich auf die existierenden Strukturen zu verlassen, ohne sie auf den Kopf zu stellen und zu erschüttern«[114]. Ob sich Georg Gänswein da nicht irrt?

Der heutige Nuntius im Baltikum war allerdings mit seiner Meinung nicht alleine. Als ich bei der Audienz für Medienvertreter aus aller Welt meinen Sitznachbarn, einen jungen kongolesischen Priester, beiläufig fragte, wer sein Favorit gewesen sei, kam es wie aus der Pistole geschossen aus ihm heraus: »Sarah«. Als ich etwas verdutzt darauf hinwies, dass der frühere Präfekt der Kongregation für den Gottesdienst im Juni bereits 80 werde, und fragte, was ihn auf den afrikanischen Kardinal tippen ließe, sagte er mir: »Ich sage es auf Latein: Sarah hat den richtigen *sensus ecclesiae*«. Nicht mitgesagt war damit: Andere Kardinäle haben nicht den richtigen Sinn für die Kirche …

Wie sich verbindliche Wahrheit heute bestimmen und durchsetzen kann, ist eine ebenso legitime wie akute Frage. Mit Machtworten? Kaum. Mit disziplinarischen Maßnahmen? Diese erweisen sich oft als Bumerang. Die Beobachtung zum methodischen Vorgehen von Franziskus stimmt, erst recht im Rückblick, und sie weist in eine Richtung, die Leo XIV. schwerlich verlassen kann: »Der Papst vom anderen Ende der Welt«, so der Fundamentaltheologe Gregor Maria Hoff, »richtet die Kirche auf eine neue Balance von universal- und ortskirchlichen Perspektiven aus.«[115] Wer will ernsthaft zurück zu einem überwunden geglaubten Stil, der Autoritarismus mit Autorität verwechselt? »Wahrheit« war jedoch – wohlgemerkt – stets eine römische, keine universale Kirchenwahrheit: lehramtsfixiert. Sie berücksichtigte weder plurale Standpunkte noch bezog sie diese ein und verarbeitete sie, um auch nur annähernd dem gerecht zu werden, was heute interkulturell und interdisziplinär Standard geworden ist: interessiert und wertschätzend aufzunehmen, was andere sagen und denken, bereit, andere Aspekte nicht nur gelten zu lassen, sondern positiv zu übernehmen. »In einer digitalen Gesellschaft«, so Hoff weiter, »stößt der römische Katholizismus ordnungspolitisch an Grenzen, über die Kirche nicht mehr verfügt. Auf diese Weise ist sie Teil der Kämpfe offener Gesellschaften um Positionen und Einfluss, wobei sich Vertreter des römischen Katholizismus nicht selten auf Positionen autoritärer Politik zurückziehen.«[116] Robert Prevost hatte dazu erklärt:

> »Papst Franziskus sprach von den vier Nähe-Ebenen: die Nähe zu Gott, zu den bischöflichen Brüdern, zu den Priestern und zum ganzen Volk Gottes. Man darf nicht der Versuchung nachgeben, isoliert zu leben, abgeschottet in einem Palast, erfüllt von einer bestimmten sozialen Ebene oder einer bestimmten Ebene innerhalb der Kirche. Und wir dürfen uns nicht hinter einer Vorstellung von Autorität verstecken, die heute keinen Sinn mehr macht. Die Autorität, die wir haben, ist die, zu dienen, Priester zu begleiten, Seelsorger und Lehrer zu sein.«

Und noch stärker auf die Rolle des Bischofs und die Frage nach dem »katholisch«, nach der Einheit der Kirche bezogen:

> »Die drei Worte, die wir in der Arbeit der Synode verwenden – Partizipation, Gemeinschaft und Mission –, geben die Antwort. Der Bischof ist zu diesem Charisma berufen, den Geist der Gemeinschaft zu leben, die Einheit in der Kirche, die Einheit mit dem Papst zu fördern. Auch das bedeutet, katholisch zu sein, denn wo ist die Kirche ohne Petrus? Jesus hat beim letzten Abendmahl darum gebetet, ›dass alle eins seien‹, und diese Einheit wünschen wir

> uns für die Kirche. Heute entfernen uns die Gesellschaft und die Kultur von dieser Vision Jesu, und das richtet viel Schaden an. Der Mangel an Einheit ist eine Wunde, an der die Kirche leidet – eine sehr schmerzhafte Wunde. Spaltungen und Polemik in der Kirche sind nicht hilfreich. Gerade wir Bischöfe müssen diese Bewegung zur Einheit, zur Gemeinschaft in der Kirche beschleunigen.«[117]

Als Leo XIV. ist er Bischof von Rom. Es wird interessant sein, wie er seine eigenen Worte in die Realität übersetzt, wie er diese Art der Autorität ausübt. Verbal zumindest klingt das nicht nach einer päpstlichen Basta-Politik.

Bei diesen Zeilen kommt mir die kurze Begegnung zwischen JD Vance und Franziskus in den Sinn, wenige Stunden vor dem Tod des vorherigen Papstes: Konnte man auf dem veröffentlichten Foto nicht ein gewisses Erschrecken entdecken – des Papstes, der »Unfehlbarkeit« beanspruchen könnte, dies aber nicht tut, und eines stramm-katholischen Konvertiten, der sich im Besitz der Wahrheit sieht und einer »Hierarchie der Wahrheiten«, wenn er sie denn kennen würde, nichts abgewinnen kann, weil er darin sofort eine Relativierung des Glaubens und »ewiger Wahrheiten« erkennen würde, wenn nicht sogar Glaubensabfall?

Das Zweite Vatikanische Konzil war geistig-geistlich schon einmal weiter als heutige selbsternannte Glaubenswächter. Wenn nun Aussagen von Kardinal Prevost zur Handkommunion oder zum Alten Ritus, zum Umgang mit der Erklärung »Fiducia supplicans«, zur LGBTQ+-Lobby, zur Frauenordination, zur Rolle von Bischöfen oder zu anderen heißen Eisen analysiert werden, um ihn auf seine »Orthodoxie« hin abzuklopfen; wenn es heißt, dass Kardinal Timothy Dolan (New York) als »Königsmacher« im Konklave sich zuerst von Prevosts Rechtgläubigkeit überzeugen musste, ebenso wie Kardinal Sarah – dann offenbart das auch eine Angst: vor dem »Kontrollverlust der römischen Kirchenwahrheit«[118]. Die restaurative Internetplattform *The Cardinal's Report*[119] hatte seit Monaten Kardinäle gelistet und markiert, wie sie zu diesen Themen stehen: Ordaining Female Deacons, Blessing Same-Sex Couples, Making Priestly Celibacy Optional, Restricting the Vetus Ordo (Old Latin Mass), Vatican-China Secret Accords, Promoting a »Synodal Church«, Focussing on Climate Change, Reassessing Humanae Vitae, Communion for Divorced & Remarried, German »Synodal Way«. Die Kriterien lauteten mit kleinen Zeichen: unentschieden, zustimmend, ablehnend, unentschieden oder unbekannt. Eine Offenbarung – und die Welt, in der sich junge wie alte Kleriker schlau machen, die amerikanische Bischöfe wie Robert Barron, wohl auch der Konvertit JD Vance, konsultieren.[120]

Der tschechische Soziologieprofessor und Theologe Tomáš Halík, der, 1978 heimlich zum Priester geweiht, in jungen Jahren Kardinal František Tomášek († 1992) und Václav Havel († 2011) zuarbeitete, hat es in seinem als »Zeitansage« verstandenen Buch *Der Nachmittag des Christentums* unübertroffen auf den Punkt gebracht: »Ich habe mich immer vor den ›Besitzern der Wahrheit‹ gefürchtet, die keinen Raum mehr lassen für Zweifel, kritische Fragen und ein weiteres Suchen.«[121] In seinem im Februar 2023 gehaltenen, vielbeachteten spirituellen Eröffnungsvortrag zur Europäischen Kontinentalversammlung in Prag zur Vorbereitung auf die erste Session der Weltsynode im Oktober 2023[122] finden sich die bemerkenswerten Hinweise: »Wir dürfen nicht mit dem Stolz und der Arroganz der Besitzer der Wahrheit auf andere zugehen. Die Wahrheit ist ein Buch, das noch keiner von uns zu Ende gelesen hat. Wir sind nicht Besitzer der Wahrheit, sondern Liebhaber der Wahrheit und Liebhaber des Einzigen, der sagen darf: Ich bin die Wahrheit.«[123]

In einem Nachruf auf Papst Franziskus wurde darauf hingewiesen, dass die »Lagerkämpfe« in der Kirche, die während des Bergoglio-Pontifikats zunahmen, »mit großer Wahrscheinlichkeit nur ein Vorbote für einen Richtungskampf« gewesen seien, »der die Institution Kirche mit voller Wucht erfassen wird. Franziskus wird von einer linksliberalen Klientel verehrt für seine Haltung zu Armut, zu Migration und seinen Pazifismus (der realpolitisch ein wenig naiv wirkte, aber in seiner Grundbotschaft von Friedfertigkeit und Menschlichkeit perfekt in die Glaubensbotschaft dieses Papstes passte).« Die andere Seite der Medaille war die innerkirchliche Frustration, nicht nur was seine Inhalte, sondern seinen Stil und seine Amtsführung anging: »Seine zahlreichen Kritiker aus dem konservativen Flügel der Kirche fürchteten um den Zerfall der päpstlichen Autorität und damit um die Einzigartigkeit des Amtes. Sie sehen das Mysterium des Papstamtes gefährdet – diese einzigartige Verbindung, die das irdische Leben zusammenbringt und aus der sich Spiritualität und Glauben ableiten lassen. Aus der Sicht seiner Kritiker banalisierte die Liberalität von Franziskus diese Einzigartigkeit des Amtes.«[124]

Schon einem Benedikt XVI. wurde deshalb von Kritikern sein freiwilliger Rücktritt im Februar 2013 übelgenommen, ganz abgesehen davon, dass er damit Jorge Mario Bergoglio ermöglicht hat, in ihren Augen das vielleicht noch größere Übel. Das ist Klerikalismus pur, der einer künstlich geschaffenen Aura des Papsttums und seiner durch das Erste Vatikanische Konzil geschaffenen Überhöhung nostalgisch nachtrauert. Dafür steht Leo XIV. gewiss nicht. Aber er wird versuchen zu versöhnen, Brücken zu bauen, zu integrieren. Aber um welchen Preis? Als ehemaliger Präfekt des Dikasteriums für die Bischöfe sind ihm die Differenzen, Spannungen und Feindseligkeiten bekannt. Und auch die jetzt an ihn gerichteten Erwartungen.

Eine kollegialere Arbeitsweise wird vertrauensstiftend wirken. Dafür ist Prevost bekannt, genauso wie für seinen Pragmatismus. Bleibend aktuell – über 20 Jahre vor der von Franziskus eingeleiteten Kurienreform geschrieben – sind die Vorschläge des früheren bayerischen Kultusministers und nachmaligen Romano-Guardini-Lehrstuhlinhabers Hans Maier von 2001: »Braucht Rom eine Regierung?« Der Politikwissenschaftler schlug »ein regelmäßig (im Zweifel wöchentlich) tagendes Kabinett und eine von allen Ministern (in diesem Fall: Präfekten und Präsidenten) getragene kollegiale Gesamtverantwortung«[125] vor – ein Plädoyer für eine »effektive ›Kabinettsregierung‹«[126].

Megaprojekt Synodalität

Dem kommt der andauernde weltweite synodale Prozess – als eine seiner letzten Amtshandlungen von Papst Franziskus, wie schon erwähnt, in die Verlängerung geschickt – entgegen, der auch Auswirkungen auf die Führungsebene hat: die von Bischöfen genauso wie die des Bischofs von Rom. Das dafür zuständige Synodensekretariat hat Leo XIV. als Team einen am 14. Mai (ungewöhnlicherweise) veröffentlichten Brief geschickt, unterzeichnet von Kardinal Mario Grech und seinen beiden Stellvertretern Erzbischof Luis Marín de San Martín und Nathalie Becquart: »Nun, da die Reise unter der Führung Eurer Heiligkeit weitergeht, blicken wir mit Zuversicht auf die Richtungen, die Ihr angeben werdet, um der Kirche zu helfen, als Gemeinschaft zu wachsen«[127]: eine »missionarische synodale Kirche«, die im Werden ist. Natürlich kann sich der neue Papst nicht sofort auf alle Themen stürzen, Kardinal Cupich warb dafür, ihm Zeit zu lassen. Während des Konklaves sei sehr bald die Einsicht gereift, »dass wir jemanden wollten, der die Arbeit von Papst Franziskus fortsetzen würde. Es gab überhaupt kein Interesse daran, die Aufmerksamkeit davon abzulenken oder eine andere Richtung einzuschlagen.« Ohne auf Spekulationen einzugehen, welche Stimmenpakete von einem Kandidaten zu einem anderen gewandert sein könnten, fuhr er fort: »Es gibt nichts, was Papst Franziskus falsch gemacht hat«, und plädierte dafür, dem neuen Papst Zeit zu lassen, ihm eine gewisse Atempause zu geben (»some breathing space«). Er wäre »nicht überrascht«, wenn Gegner der Linie von Franziskus mit einigen Entscheidungen des neuen Papstes »nicht einverstanden wären, vor allem, wenn er sich nicht radikal von Papst Franziskus distanziert, was meiner Meinung nach nicht geschehen würde«[128].

Federico Lombardi – seines Zeichens ein wacher Beobachter – hat am 30. April auf der Website der Jesuitenkurie, eine Woche nach dem Tod von Franziskus, dessen Pontifikat bilanziert: Er sehe deutlich »mehr Kontinuität als Bruch« und »mehr Entwicklungen als Richtungswechsel«:

> »Ich denke, dass ein wirklich großer Beitrag des Pontifikats von Franziskus sein Engagement für die ›Synodalität‹ der Kirche war. Obwohl er der erste Papst der letzten Zeit war, der das Konzil nicht direkt erlebt hat, hat er seinen Geist klar aufgenommen und sich von Anfang an in jeder Hinsicht dafür eingesetzt, uns alle spüren zu lassen, dass wir eine Kirche auf dem Weg sind (...). Ich glaube, dass dies ein dauerhafter Schritt war, der aus seiner Lektüre der Konstitution *Lumen Gentium* hervorging und wahrscheinlich mit der für Lateinamerika charakteristischen kirchlichen Sensibilität gereift ist. Vielleicht können wir sagen, dass es richtig ist, diesen neuen Aspekt seines Beitrags zur Geschichte der Kirche mit der Tatsache in Verbindung zu bringen, dass er der erste lateinamerikanische Papst war und dass er nach

der ignatianischen Spiritualität lebte: eine Kirche auf dem Weg, die in allen Dingen den Willen Gottes sucht und findet, in der Berufung zur Mission, das Evangelium bis an die Enden der Erde zu verkünden.

Jeder Papst hat einen anderen Regierungsstil, der von seiner Persönlichkeit, seiner Geschichte und seiner Erfahrung abhängt und diese zum Ausdruck bringt. Und das ist gut und richtig so: Vielfalt kann immer ein Weg sein, um das kirchliche Leben, die Beziehungen zu den Menschen und zur Bevölkerung sowie die Art und Weise der Verkündigung des Evangeliums und der Missionierung zu bereichern. Der Stil von Papst Franziskus war sehr persönlich, d.h. sehr frei von früheren Gewohnheiten, sowohl in seiner Art zu kommunizieren als auch in seiner Art zu regieren. Schließlich hatten ihm die Kardinäle, die ihn zum Papst gewählt hatten, ausdrücklich die Aufgabe der ›Reform‹ anvertraut. Franziskus war ein mutiger Papst, der nicht davor zurückschreckte, Fehler zu machen. Wie er mehrfach gesagt hat, hat er viele ›Prozesse‹ in Gang gesetzt, ohne genau zu wissen, was dabei herauskommen würde, aber er kannte die Richtung und vertraute auf die Führung des Heiligen Geistes. Das hat einigen seiner Mitarbeiter offensichtlich einige Probleme bereitet und wurde nicht immer von allen geschätzt. Alles in allem hatte er jedoch sicherlich viele positive Aspekte, vor allem, weil er der Kirche und dem Papsttum ein neues Gesicht gab, frei von Zwängen und Traditionen, die es zu überwinden galt.

In seinen pastoralen Beziehungen war das ›Charisma‹ von Franziskus das der ›Nähe‹. Die Menschen fühlten sich ihm nahe, ohne Distanz oder Barrieren, aufgrund seiner konkreten, einfachen und direkten Sprache, ohne den Anspruch, immer präzise und erschöpfend zu sein, aber mit dem Wunsch, mit allen zu sprechen, alle zu erreichen und sogar an populären Fernsehsendungen teilzunehmen. In gewisser Hinsicht würde ich sagen, dass es fast ein ›Crescendo‹ gab. Zu Beginn seines Pontifikats waren Interviews eine echte Seltenheit, am Ende waren sie fast eine Flut. Ich persönlich konnte mehrere seiner Treffen mit wichtigen politischen und kirchlichen Persönlichkeiten aus nächster Nähe verfolgen. Franziskus hatte eine außergewöhnliche Gabe für eine einfache, aufrichtige, direkte und herzliche persönliche Annäherung, die mich verstehen ließ, was er mit dem von ihm geliebten Begriff der ›Kultur der Begegnung‹ meinte. Dies ermöglichte es ihm, Türen zu öffnen, die manchmal unerwartet und sehr wichtig waren, wie zum Beispiel in seinen Beziehungen zur muslimischen Welt, wo er unbestreitbare Fortschritte machte. Wenn wir uns begegnen, können wir in dieselbe Richtung gehen und versuchen, eine brüderlichere, gastfreundlichere und gerechtere Gesellschaft aufzubauen, ein würdiges gemeinsames Haus, eine Hoffnung auf das ewige Leben.«[129]

Im bereits angeführten Gespräch mit Andrea Tornielli sagte Kardinal Prevost zum Projekt Synodalität:

»In dieser ständigen Erneuerung der Kirche, zu deren Förderung uns Papst Franziskus einlädt, liegt eine große Chance. Auf der einen Seite gibt es Bischöfe, die offen ihre Besorgnis äußern, weil sie nicht verstehen, wohin sich die Kirche entwickelt. Vielleicht bevorzugen sie die Sicherheit von Antworten, die sie bereits in der Vergangenheit erfahren haben. Ich glaube wirklich, dass der Hei-

> lige Geist in dieser Zeit in der Kirche sehr präsent ist und uns zu einer Erneuerung drängt, und deshalb sind wir zu der großen Verantwortung aufgerufen: das zu leben, was ich eine neue Haltung nenne. Es geht nicht nur um einen Prozess, es geht nicht nur darum, einige Dinge zu ändern, vielleicht mehr Treffen zu veranstalten, bevor man eine Entscheidung trifft. Es ist viel mehr. Aber es ist auch das, was vielleicht gewisse Schwierigkeiten verursacht, denn im Grunde müssen wir vor allem auf den Heiligen Geist hören können, was er von der Kirche verlangt.«

Auf die Frage, wie das gehen soll, antwortete Prevost:

> »Wir müssen in der Lage sein, einander zuzuhören, zu erkennen, dass es nicht darum geht, eine politische Agenda zu diskutieren oder einfach zu versuchen, Themen zu fördern, die mich oder andere interessieren. Manchmal scheint es, als würde man alles darauf reduzieren, wählen zu wollen und dann das zu tun, wofür gestimmt wurde. Stattdessen geht es um etwas viel Tieferes und ganz anderes: Wir müssen lernen, wirklich auf den Heiligen Geist und den Geist der Wahrheitssuche zu hören, der in der Kirche lebt. Wir müssen von einer Erfahrung, in der die Autorität spricht und damit alles klar ist, zu einer Kirchenerfahrung übergehen, die die Charismen, Gaben und Ämter in der Kirche zur Geltung kommen lässt. Das bischöfliche Amt leistet einen wichtigen Dienst, aber dann müssen wir all dies in den Dienst der Kirche stellen – in diesem synodalen Geist, der einfach bedeutet, dass wir alle zusammen gehen und gemeinsam suchen, was der Herr in dieser unserer Zeit von uns verlangt.«[130]

»Die Last ist mit dir«

Themen nach außen wie nach innen bleiben auf der Agenda: Synodalität und weltkirchliche Synodalprojekte, verbunden mit der Frage des Regierungsstils auf verschiedenen Ebenen, die weltweit virulente »Frauenfrage«, die Soziale Frage (wozu auch die Klimaproblematik gehört), die Ökumene, der interreligiöse Dialog, auf ganz praktischer Ebene das riesige Finanzloch – zuletzt hieß es, Franziskus habe einen Schuldenberg von zwei Milliarden hinterlassen. Interessanterweise hatte sich Prevost im Interview mit Andrea Tornelli dazu dezidiert ausgelassen und mit Blick auf den Bischof als Verwalter ausgeführt:

> »Vom Bischof wird auch verlangt, dass er ein guter Verwalter ist, oder zumindest die Fähigkeit hat, einen guten Verwalter zu finden, der ihm hilft. Der Papst hat uns gesagt, dass er eine Kirche will, die arm und für die Armen ist. Es gibt Fälle, in denen die Strukturen und die Infrastruktur der Vergangenheit nicht mehr benötigt werden und es schwierig ist, sie zu erhalten. Gleichzeitig ist die Kirche auch an den Orten, an denen ich gearbeitet habe, für Bildungs- und Gesundheitseinrichtungen verantwortlich, die grundlegende Dienstleistungen für die Menschen anbieten, weil der Staat diese oft nicht garantieren kann. Ich persönlich bin nicht der Meinung, dass die Kirche alles verkaufen und ›nur‹ auf der Straße das Evangelium verkünden sollte. Dies ist jedoch eine sehr große Verantwortung, für die es keine Patentrezepte gibt. Die geschwisterliche Hilfe unter den Ortskirchen muss mehr gefördert werden. Angesichts der Notwendigkeit, Dienststrukturen mit nicht mehr so hohen Einnahmen aufrechtzuerhalten, muss der Bischof sehr praktisch sein.«[131]

Die unter Franziskus aufgekommene neue Pastoralkultur ruft nach einer rechtlichen Absicherung und Verstetigung. Die Friedensthematik schlug er schon am Abend auf der Loggia an (»La pace sia con tutti voi«) und beim ersten Mittagsgebet (»Nie wieder Krieg!«): Leo XIV. weiß, dass Franziskus nicht nur atomare Abschreckung und die Anwendung von Atomwaffen verurteilt hat, sondern auch ihre Produktion, was von Waffenproduzenten und -lieferanten, auch hierzulande, geflissentlich übergangen wird.

Sortieren und priorisieren, so lautet das Gebot der Stunde. Dafür gibt es einen Apparat. Dafür kommt es auf das Charisma des neuen Papstes an. Dafür braucht es Berater – und Menschen, die für den neuen Papst beten! Tun wir das? Einen unpolitischen Papst, in Rom früher auch »Latin Yankee« genannt, hat die Kirche nicht bekommen. Auf Elon Musks Plattform *X* hat er wiederholt auf Trump und seinen Vizepräsidenten reagiert: »JD Vance liegt falsch: Jesus fordert uns nicht auf, unsere Liebe zu anderen abzustufen.« Dem Narzissten Trump hat Leo XIV. innerhalb von Tagen den Rang des wichtigsten Amerikaners der Welt abgelaufen (»He can fight with Trump«). Drei *SZ*-Journalisten legten am 14. Mai mit Titel und Untertitel ihres Artikels eine Punktlandung hin, die die immense Überforderung ins Wort nimmt: »Der Herr ist mit dir«: »Vom normalen Mann zum Stellvertreter Jesu Christi auf Erden, das ist ein ziemlicher Schritt. Die Erwartungen an Papst Leo XIV. sind jedenfalls enorm: Er soll die Kirche heilen, am besten gleich die ganze Welt.«[132]

Leo XIV. wird zeigen, was er darunter versteht, »Diener der Diener Christi« zu sein. Steht ein »Pontifikat der Langweile« zu erwarten, wie mir jemand zuflüsterte? Ich meine: Es wird spannend werden! Uns wird nicht alles gefallen, manches wird irritieren oder sogar enttäuschen, gewiss aber weiterhin positiv überraschen. Die Diagnose stimmt, und die Dynamik dieser Entwicklung ist unabwendbar und nicht aufzuhalten – das wissen oder ahnen selbst diejenigen, die sich einen anderen Kurs erhofften. Wir verdanken sie Papst Franziskus: »Aus der *römisch*-katholischen Kirche entwickelt sich eine synodal verfasste Weltkirche.«[133]

Leo XIV. wird daran weiterarbeiten. Wie sagte er doch am 8. Mai, abends auf der Loggia, bei seiner Vorstellung: »A tutti voi, fratelli e sorelle di Roma, d'Italia, di tutto il mondo: vogliamo essere una Chiesa sinodale, una Chiesa che cammina«. Wir wollen eine synodale Kirche sein: Die nächsten Jahre werden zeigen, wie diese franziskanisch-leonische Vision für das Christsein des 21. Jahrhunderts ausschaut.

Dank

Am Ende ein aufrichtiger Dank an das *ZDF*-Team um Jürgen Erbacher, Antje Pieper, Wolfgang Zimmermann, Sabine Räpple, Anja Müller-Schick, Doro Baumgärtner und Christoph Wiesel sowie an Barbara Krenn und Alexander Kofler vom *ORF*.

In der Jesuitenkommunität in unmittelbarer Nachbarschaft der Curia Generalizia, der Residenza S. Pietro Canisio, fand ich in Stanislas Mbeshi Kambasi (Superior) und Miroslaw Andrzej Matyja (Minister) zwei aufmerksame Mitbrüder vor, außerdem ein internationales Flair. Da spürt ein Österreicher, dass es nicht nur den deutschen Jesuitenstil gibt! Ich schätzte den Austausch mit jungen Jesuiten aus Vietnam und Indien oder aus der Demokratischen Republik Kongo, die bei *Radio Vatikan* (*Vatican News*) arbeiten. Gespräche mit französischen, italienischen, spanischen, portugiesischen, amerikanischen, philippinischen und chinesischen Jesuiten waren eine Bereicherung. Laurent Basanese, Paolo Gamberini, Luciano Morra, Robert J. Geisinger oder Johan Verschueren ließen mich an ihren Einschätzungen teilhaben. Genauso wichtig war der simple, ganz praktische Umstand, dass es dort eine Krankenabteilung für alte und pflegebedürftige Jesuiten gibt, in der ich als rekonvaleszierender Krebspatient (Stresszeiten machen sich schnell bemerkbar) bei Vito Giardina Crudele sofort Unterstützung fand. Jesuiten im Rollstuhl oder mit Rollator zu erleben, oft prominente Experten während ihrer aktiven Lebenszeit, macht demütig: So kann es auch mir einmal ergehen. Was zählt? Worauf kommt es am Ende des Lebens an?

Für ihre logistische Unterstützung danke ich auch herzlich Gudrun Sailer und vor allem Stefan von Kempis von der deutschen Sektion von *Radio Vatikan*. Ein Österreicher in Rom, der Rektor des Päpstlichen Priesterkollegs Santa Maria dell'Anima, Michael Max, führte mich am Vorabend des Konklavebeginns aus – und ich lief dabei Felix Gmür über den Weg, der vor vierzig Jahren beinahe mein Mitnovize geworden wäre und später Bischof von Basel-Solothurn wurde.

Ein großer Dank gebührt dem *Verlag Herder*. Sein Geschäftsführer und Cheflektor Simon Biallowons jagte seit zwei Jahren einem Buch über den neuen Pontifex hinterher. Zusammen mit seinem Team versorgte er mich mit Material und führte das Lektorat durch – und er erlaubte zwischendrin sogar schöpferische Pausen. »Zwangsquarantäne« hat den Vorteil, dass sie nach einer bestimmten Zeit auch endet. Es war eine gemeinsame Mammutanstrengung.

Zum Flughafen gebracht und auch wieder abgeholt zu werden, ist ebenfalls keineswegs selbstverständlich. Hausverstand ist nicht immer eine jesuitische Tugend. Andere denken da praktischer. Wer nach Rom reist, kommt anders zurück. Das ging schon Luther so. Bei mir ist das Ergebnis – dieses Buch.

AB

Literaturverzeichnis

Bücher

- Batlogg, Andreas R. – Zulehner, Paul M.: Der Reformer. Von Papst Franziskus lernen – ein Appell. Würzburg ²2020.
- Batlogg, Andreas R.: Aus dem Konzil geboren. Wie das II. Vatikanische Konzil der Kirche den Weg in die Zukunft weisen kann. Innsbruck 2022.
- Batlogg, Andreas R.: Der evangelische Papst. Hält Franziskus, was er verspricht? München 2018.
- Borghesi, Massimo: Papst Franziskus. Sein Denken, seine Theologie. Darmstadt 2020.
- Budde, Mariann Edgar: Mutig sein. Frankfurt 2025 (Original: How We learn To Be Brave. Decisive Moments in Life and faith).
- Colonna, Marcantonio: Der Diktatorpapst. Aus dem Innersten seines Pontifikats. Bad Schmiedeberg 2018.
- Drobinski, Matthias – Urban, Thomas: Johannes Paul II. Der Papst, der aus dem Osten kam. München 2020.
- Englisch, Andreas: Franziskus. Zeichen der Hoffnung. Das Erbe Benedikts XVI. und die Schicksalswahl des neuen Papstes. München ²2013.
- Erbacher, Jürgen: Ein radikaler Papst. Die franziskanische Wende. München 2014.
- Ernesti, Jörg: Geschichte der Päpste seit 1800. Freiburg 2024.
- Franziskus (Papst): Hoffe. Die Autobiografie. München 2025.
- Franziskus (Papst): Wage zu träumen. Mit Zuversicht aus der Krise. Im Gespräch mit Austen Ivereigh. München 2020.
- Fürlinger, Ernst: Handwerker der Hoffnung. Papst Franziskus und der interreligiöse Dialog. Innsbruck 2023.
- Gänswein, Georg: Nichts als die Wahrheit. Mein Leben mit Benedikt XVI. Freiburg 2023.

- Garhammer, Erich: Der Chef. Die jährliche Therapie an Weihnachten. Würzburg 2018.
- Gerber, Michael – Kramp, Igna: Synodalität. Kirche vom Geist geleitet (Ignatianische Impulse 103). Würzburg 2025.
- Halík, Tomáš: Der Nachmittag des Christentums. Eine Zeitansage. Freiburg 2022.
- Harris, Robert: Konklave. Roman. Aus dem Englischen von Wolfgang Müller. München [11]2024.
- Hoff, Gregor Maria: In Auflösung. Über die Gegenwart des römischen Katholizismus. Freiburg 2023.
- Kasper, Walter Kardinal: Das Evangelium von der Familie. Die Rede vor dem Konsistorium. Freiburg 2014.
- Kasper, Walter Kardinal: Papst Franziskus. Revolution der Zärtlichkeit und der Liebe. Ostfildern 2015.
- Kasper, Walter Kardinal – Augustin, George (Hg.), Christsein und die Corona-Krise. Das Leben bezeugen in einer sterblichen Welt. Ostfildern 2020.
- Katholische Erwachsenenbildung im Erzbistum Bamberg e.V. (Hg.), Mit Zuversicht aus der Krise. Wie Corona unser Leben, unsere Gesellschaft und die Theologie verändert. Würzburg 2020.
- Kempis, Stefan von: Weißer Rauch und falsche Mönche. Eine andere Geschichte der Papstwahl. Freiburg 2025.
- Kopp, Matthias: Iraks christliches Erbe. Vom Überleben im Zweistromland. Freiburg 2025.
- Küng, Hans: Sieben Päpste. Wie ich sie erlebt habe. München 2015.
- Martini, Carlo Maria: Gottesspuren. München 2023.
- Riccardi, Andrea: Die Kirche brennt. Krise und Zukunft des Christentums. Würzburg 2023.
- Ring-Eifel, Ludwig (Hg.): Die Interviews mit Papst Franziskus. Eingeleitet von Luigi Accattoli. Freiburg 2016.
- Schmitt, Eric-Emmanuel: Jerusalem. Meine Begegnung mit dem Heiligen Land. München 2025.
- Schwarz, Patrik (Hg.): Papst Franziskus. Gelingt die Revolution? Stuttgart 2015.
- Seewald, Peter: Benedikt XVI. Ein Leben. München 2020.
- Weigel, George: Der nächste Papst. Das Amt des Petrus und eine missionarische Kirche. Illertissen 2020.
- Wolf, Hubert: Konklave. Die Geheimnisse der Papstwahl. München 2017.

- Zulehner, Paul M.: »Ich träume von einer Kirche als Mutter und Hirtin«. Die neue Pastoralkultur von Papst Franziskus. Ostfildern 2018.

Artikel

- Batlogg, Andreas R.: Der unerhörte Kardinal, in: *Stimmen der Zeit* 230 (2012) 793–794.
- Batlogg, Andreas R.: Synodale Kirche, in: *Stimmen der Zeit* 234 (2016) 73–74.
- Batlogg, Andreas R.: Was riskieren wir? Die Reformdebatte in der katholischen Kirche duldet keinen Aufschub. Es braucht jetzt dringend noch mehr: eine Reformoffensive. Der »synodale Weg« in Deutschland und die Amazonas-Synode im Vatikan wollen Zeichen setzen. Doch der Widerstand ist enorm. Ein jesuitischer Aufschrei in christlich dramatischer Zeit, in: *Christ in der* Gegenwart 71 (2019) 445–446.
- Batlogg, Andreas R.: Von den Bildern zum Programm. Papst Franziskus und Corona, in: Katholische Erwachsenenbildung im Erzbistum Bamberg e.V. (Hg.), Mit Zuversicht aus der Krise, Würzburg 2022, 69–86.
- Batlogg, Andreas R.: Papst Franziskus und seine Vision: Synodalität als Weg der Kirche im 21. Jahrhundert, in: Zulehner, Paul M. – Neuner, Peter – Hennersperger, Anna (Hg.): Synodalisierung. Eine Zerreißprobe für die katholische Weltkirche? Expertinnen und Experten aus aller Welt beziehen Stellung. Ostfildern 2022, 31–50.
- Batlogg, Andreas R.: Synodalität als Dauerauftrag. Österreichs Beitrag zur Weltsynode, in: *Herder Korrespondenz* 78 (9/2024) 25–27.
- Batlogg, Andreas R.: (Zu) viel Papst, (zu) wenig Papst. Längst werden erste Bilanzen des aktuellen Pontifikats gezogen, auch von Franziskus selbst. Einordnung und Einspruch, in: *Christ in der Gegenwart* 77 (20/2024) 3–4.
- Batlogg, Andreas R.: Synodaler Prozess – und jetzt? Ob es gelingt, Synodalität zu praktizieren, wird zur Überlebensfrage für die Kirche. Ein Appell, in: *CIG* 77 (9/2025) 3–4.
- Batlogg, Andreas R.: Ein Mann der Superlative. »Über die Toten nur Gutes«, sagt man. Trifft das zu? Ein Überblick über bemerkenswerte Papst-Nachrufe, in: *Christ in der Gegenwart* 77 (18/2025) 3.
- Beise, Marc: Wider die Heuchelei, in: *Süddeutsche Zeitung*, 09.02.2024, 4.
- Beise, Marc: An seinen Grenzen, in: *Süddeutsche Zeitung*, 11.03.2024, 4.
- Beise, Marc: Rücktrittsgerüchte zum Jahrestag, in: *Süddeutsche Zeitung*, 14.03.2025, 6.

- Beise, Marc – Burghardt, Peter – Zoch, Annette: Die Last ist mir dir, in: *Süddeutsche Zeitung*, 14.05.2025, 3.
- Bergoglio, Jorge (Papst Franziskus) – Skorka, Abraham: Über Himmel und Erde. Jorge Bergoglio im Gespräch mit dem Rabbiner Abraham Skorka. Hg. v. Diego f. Rosemberg. Freiburg 2013.
- Brand, Fabian: Unsichtbarer Tod?, in: *Herder Korrespondenz* 79 (1/2025) 7.
- Brand, Fabian: Frau Präfektin, in: *Herder Korrespondenz* 79 (2/2025) 4.
- Edenhofer, Ottmar – Flachsland, Christian: Laudato sì. Die Sorge um die globalen Gemeinschaftsgüter, in: *Stimmen der Zeit* 233 (2015) 579–591.
- Einblicke in die vatikanische Diplomatie. Mit Henrique Cymerman (*La Vanguardia*, Barcelona), 13. Juni 2014, in: Ring-Eifel (Hg.), Die Interviews mit Papst Franziskus, 108–115.
- Ein Jahr im Amt. Mit Ferruccio Bortolo (*Corriere della Sera*, Mailand), 5. März 2014, in: Ring-Eifel (Hg.), Die Interviews mit Papst Franziskus, 77–89, 81.
- Eisenhauer, Bertram: Als der Papst weinte, in: *Frankfurter Allgemeine Sonntagszeitung*, 26.01.2025, 10.
- Englisch, Andreas – Finger, Evelyn: Der Papst verschärft seine Israelkritik. Nicht alle in Rom sind froh darüber. Wie reagieren die Juden, in: *Die Zeit*, Nr. 49/2024, 46.
- Erbacher, Jürgen: Der Traum von einer geschwisterlichen Welt. Einführung, in: Papst Franziskus, Fratelli tutti. Enzyklika über die Geschwisterlichkeit und die soziale Freundschaft. Ostfildern 2020, 9–18.
- Fares, Diego: Hirten, nicht Herrscher. Papst Franziskus über die Gestalt des Bischofs. Übersetzt von Johannes Stoffers, in: *Stimmen der Zeit* 233 (2015) 507–533.
- Findeisen, Moritz: Zwischen Kuschelblues und Revolution. Das Abschlussdokument der Weltsynode hat keine konkreten Reformschritte formuliert und enthält doch reichlich Zündstoff, in: *Christ in der Gegenwart* (46/2024) 3–4.
- Findeisen, Moritz: Der (verbotene) Wahlkampf hat begonnen, in: *Christ in der Gegenwart* (49/2024) 3–4.
- Finger, Evelyn: So wählen sie den nächsten Papst. Der gefeierte Kinofilm »Konklave« mit Ralph Fiennes ist in Deutschland angelaufen. Doch was geschieht bei einem Machtwechsel im Vatikan wirklich – und was hat Franziskus geplant?, in: *Die Zeit*, Nr. 50, 28.11.2024, 58.
- Franziskus (Papst), Geleitwort, in: Kasper – Augustin (Hg.), Christsein und die Corona-Krise, 5–7, 5.

- Friedrich, Otto: Der (verbotene) Wahlkampf hat begonnen, in: *Die Furche* (Wien), Nr. 4/2025, 15.
- Fuchs, Gotthard: Der Poverello, in: *Christ in der Gegenwart* 77 (17/2025) 4.
- Gerber, Michael – Kramp, Igna: Die Weltsynode als Lernweg. Geistliche Unterscheidung und Leitung, in: *Stimmen der Zeit* 242 (2024) 723–734.
- Halík, Tomáš: Das Abenteuer, Christus zu suchen, in: *Christ in der Gegenwart* 75 (7/2023) 3–4.
- Hoff, Gregor Maria: Mehr geht immer. Der Synodale Weg der katholischen Kirche in Deutschland ist auch mit seiner letzten Plenarversammlung nicht am Ende. Eine schüchterne Erfolgsbilanz nach den römischen Versuchen der letzten Wochen, das Projekt ins Leere laufen zu lassen, in: *Die Furche* (Wien), Nr. 11/2023, 11.
- Hoff, Gregor Maria: *Church first?* Rom bleibt ambivalent, in: *Die Furche* (Wien), Nr. 42/2023, 3.
- Hoff, Gregor Maria: Ist seine Lehre keine reine?, in: *Christ & Welt*, Nr. 4/2024, 3.
- Hoff, Gregor Maria: Franziskus' begrenzte Haftung, in: *Die Furche* (Wien), Nr. 5/2025, 11.
- Kallscheuer, Otto: Mehr Übergang als Neuanfang. Die Weltsynode, die im vergangenen Oktober in Rom zu Ende ging, war ein Schlüsselprojekt für Papst Franziskus. Doch viele Erwartungen wurden enttäuscht. Ekklesiologisch markierte die Synode nicht den Neuanfang, den sich viele erhofft hatten, in: *Herder-Korrespondenz* (1/2015) 23–26.
- Kasper, Walter Kardinal: Nachwort, in: ders. – Augustin (Hg.), Christsein und die Corona-Krise, 191–192.
- Kornelius, Stefan: Kampf um Rom, in: *Süddeutsche Zeitung*, 23.04.2025, 4.
- Kuster, Niklaus: »Wir Geschwister alle«. Wen Franz von Assisi in den ersten Worten der neuen Enzyklika anspricht, in: Erbacher, Der Traum von einer geschwisterlichen Welt, 14 f.
- Maier, Hans: Braucht Rom eine Regierung?, in: *Stimmen der Zeit* 219 (2001) 147–160.
- Müller, Roland: Franziskus' Pontifikat ist eine Zeit der Aussaat, nicht der Ernte (04.06.2024), in: www.katholisch.de/artikel/53752-franziskus-pontifikat-ist-eine-zeit-der-aussaat-nicht-der-ernte.
- Rahner, Karl: Das wandernde Volk Gottes, in: ders., Sämtliche Werke. Bd. 21/2: Das Zweite Vatikanum. Beiträge zum Konzil und seiner Interpretation. Bearbeitet von Günther Wassilowsky. Freiburg 2013, 1028–1033.

- Ratzinger, Joseph: Begegnung in Rom, in: ders., Gesammelte Schriften. Bd. 13/3: Im Gespräch mit der Zeit. Freiburg 2017, 1256–1279.
- Riedl, Andrea: Credo … synodalem ecclesiam, in: *Geist und Leben* 97 (2024) 43–51.
- Rüb, Matthias: Das soll nicht homophob sein? (31.05.2024), zitiert nach: https://zeitung.faz.net/faz/medien/2024-05-31/3b867ed4a754d73d59d3538fc15565ba/?GEPC=s3.
- Rutishauser, Christian M.: Nahost: Franziskus' fataler Lapsus, in: *Die Furche* (Wien) Nr. 43/2024, 11.
- Schönwälder, Till: Der zwiegespaltene Papst, in: *Die Furche* (Wien), Nr. 23/2024, 11.
- Sievernich, Michael: Die vier Prinzipien des Papst Franziskus, in: *Stimmen der Zeit* 243 (2025) 139–149.
- Spadaro, Antonio: La libertà ci fa paura. Conversazione di Papa Francesco con i gesuiti slovacchi, in: *La Civiltà Cattolica* 2021 IV (no. 4111), 10–16.
- Spadaro, Antonio: Papa Francesco in conversazione con I direttori delle riviste culturali europee dei Gesuiti, in: *La Civiltà Cattolica* 2022 II (no. 4128), 521–529.
- Spadaro, Antonio – Wiegelmann, Lucas: »Dies ist ein Pontifikat der Aussaat, nicht der Ernte«, in: *Herder Korrespondenz* 74 (8/2020) 20–24.
- Werben um die Sympathie Mexikos. Mit Valentina Alazraki (*Televisa*, Mexiko), 12. März 2025, in: Ring-Eifel (Hg): Die Interviews mit Papst Franziskus, 210–244.
- Wiegelmann, Lucas: Good Pope, bad Pope. Kriegserklärung an Franziskus? Die Empörung über den Zölibatstext Benedikts XVI. ist gegenstandslos. Trotzdem hat sie ein Gutes: Sie motiviert dazu, allseits akzeptierte Grundannahmen über die Rolle eines emeritierten Papstes zu überdenken, in: *Herder Korrespondenz* 74 (2/2020) 4–5.

Anmerkungen

1 Zitiert nach: www.herder.de/communio/reihen/rauchzeichen-roemische-notizen-zum-konklave-2025/ein-direkter-angriff-aus-frankreich-schlechte-nachrichten-aus-england-es-laeuft-nicht-rund-fuer-kardinal-pietro-parolin/ (abgerufen 12.05.2025).

2 Zitiert nach: www.vatican.va/content/vatican/de/special/sede-vacante/sede-vacante-2025/20250427-secondo-giorno-novendiali.html (abgerufen 12.05.2025).

3 Zitiert nach: www.vaticannews.va/de/papst/news/2025-05/papst-leo-erste-worte-auf-der-loggia-des-petersdoms.html? (abgerufen 15.05.2025).

4 Zitiert nach: weltkirche.katholisch.de/artikel/61489-ein-brueckenbauer-zwischen-dem-globalen-norden-und-globalen-sueden (abgerufen 15.05.2025).

5 Zitiert nach: www.vaticannews.va/de/vatikan/news/2025-04/vatikan-konklave-kardinal-becciu-teilnahme-verzicht-erklaerung.html (abgerufen 15.05.2025).

6 Vgl. Batlogg, Ein Mann der Superlative.

7 Ein Jahr im Amt, in: Ring-Eifel (Hg.), Die Interviews mit Papst Franziskus, 77–89, 81.

8 Batlogg, Der evangelische Papst, 24.

9 Zitiert nach: www.vatican.va/content/vatican/de/special/sede-vacante/sede-vacante-2025/20250426-messa-esequiale-francesco.html (abgerufen 12.05.2025).

10 Sympathie Mexikos, in: Ring-Eifel (Hg.), Die Interviews mit Papst Franziskus, 210–244, 244.

11 Vgl. Batlogg, Aus dem Konzil geboren, 58–68.

12 Wolf, Konklave, 12.

13 Ebd. 9.

14 Kempis, Weißer Rauch und falsche Mönche, 268.

15 Zitiert nach: www.kathpress.at/goto/meldung/2473297/schoenborn-neuer-papst-muss-ein-hirte-und-glaubwuerdiger-christ-sein (abgerufen 12.05.2025).

16 Ebd.

17 Zitiert nach: www.vaticannews.va/de/vatikan/news/2025-04/kardinal-reina-gedenkmesse-franziskus-petersdom.html (abgerufen 12.05.2025).

18 Zitiert nach: www.katholisch.de/artikel/61150-noch-vor-der-papst-beerdigung-positionieren-sich-kardinaele.

19 Einblicke in die vatikanische Diplomatie, in: Ring-Eifel (Hg.), Die Interviews mit Papst Franziskus, 108–115, 114.

20 Vgl. Batlogg, Der evangelische Papst, 38 u. 224.

21 Wortlaut in deutscher Übersetzung zu finden in: Budde, Mutig sein, 17–24.

22 Zitiert nach: https://www.vaticannews.va/de/papst/news/2025-04/papst-franziskus-ist-tot-ostermontag.html (abgerufen 12.05.2025).

23 »Mit dem lieben Gott telefonieren«, in: *Die Zeit*, 24.04.2025, 56.

24 Ebd.

25 »Dies ist ein Pontifikat der Aussaat, nicht der Ernte«, 24.

26 Zitiert nach: www.katholisch.de/artikel/53853-bericht-papst-franziskus-weiss-um-sein-problem-mit-schimpfwoertern (Eintrag vom 07.06.2024).

27 Vgl. Batlogg, (Zu) viel Papst, (zu) wenig Papst (2024).

28 Schwarz, Vorwort, in: ders. (Hg.), Papst Franziskus, 13–15, 13.

29 Garhammer, Der Chef, 33. – Die Ansprache ebd. 51–69.

30 Zitiert nach: www.vatican.va/content/francesco/de/speeches/2017/december/documents/papa-francesco_20171221_curia-romana.html (abgerufen 15.05.2025).

31 Zitiert nach: www.vatican.va/content/francesco/de/speeches/2020/december/documents/papa-francesco_20201221_curia-romana.html (abgerufen 15.05.2025).

32 Küng, Sieben Päpste, 325 f.

33 Ebd. 326.

34 Englisch, Franziskus, 15.

35 Zitiert nach ebd. 21.

36 Colonna, Der Diktatorpapst, 7.

37 Ebd. 239.

38 Zitiert nach: https://www.vatican.va/content/francesco/de/speeches/2024/september/documents/20240928-belgio-studenti-universitari.html (abgerufen 15.05.2025)

39 Zitiert nach: www.vatican.va/content/francesco/de/speeches/2024/september/documents/20240929-belgio-voloritorno.html (abgerufen 15.05.2025).

40 Vgl. www.domradio.de/artikel/theologin-nothelle-wildfeuer-kritisiert-papstworte-zum-wesen-der-frau (abgerufen 15.05.2025)

41 Die italienische Originalausgabe spricht im Untertitel, ebenso wie die französische und die spanische Übersetzung, von einer »intellektuellen Biografie«, die englische Übersetzung von einer »intellektuellen Reise«. Der deutsche Verlag hat sich für den – sachlichen oder langweiligen? – Untertitel »Sein Denken, seine Theologie« entschieden.

42 Zitiert nach: Borghesi, Papst Franziskus, 14.

43 Ebd. 15.

44 Kasper, Papst Franziskus, 16 f.: »Die positiven wie die kritischen Beurteilungen stehen in der Gefahr einer Banalisierung und Trivialisierung des Pontifikats. Machen die einen aus dem Papst eine Art Star, so betrachten ihn die anderen als theologisches Leichtgewicht. Papst Franziskus ist weder das eine noch das andere.«

45 »In diesen Tagen hatte ich die Gelegenheit, das Buch eines Kardinals – Kardinal Kaspers, eines Theologen, der sehr tüchtig ist, eines guten Theologen – über die Barmherzigkeit zu lesen. Und jenes Buch hat mir sehr gutgetan, doch glaubt jetzt nicht, dass ich Werbung für die Bücher meiner Kardinäle mache! Dem ist nicht so! Doch es hat mir so gut, so gutgetan … Kardinal Kasper sagte, dass von der Barmherzigkeit zu hören, dass dieses Wort alles ändert. Es ist das Beste, was wir hören können: es ändert die Welt. Ein wenig Barmherzigkeit macht die Welt weniger kalt und viel gerechter.«

46 Vgl. Kasper, Das Evangelium von der Familie.

47 Erbacher, Ein radikaler Papst, 138.

48 Vgl. www.synod.va.

49 Vgl. Batlogg, Papst Franziskus und seine Vision: Synodalität als der Weg der Kirche im 21. Jahrhundert (2022).

50 Vgl. Batlogg, Was riskieren wir? (2019); ders., Synodalität als Dauerauftrag (2024).

51 Rahner, Das wandernde Volk Gottes, 1031.

52 Ebd. 1032.

53 Vgl. ebd. 958–969 sowie 970–981.

54 Vgl. Schönwälder, Der zwiegespaltene Papst.

55 Rüb, Das soll nicht homophob sein?

56 Zitiert nach: www.katholisch.de/artikel/53687-wieder-aufregung-papst-franziskus-sieht-geschwaetz-als-frauensache.

57 Müller, Franziskus' Pontifikat ist eine Zeit der Aussaat, nicht der Ernte (04.06.2024).

58 Politi, Der Unvollendete, 16, 23, 100, 175, 177, 195, 205.

59 Franziskus, Hoffe, 233.

60 Hoff, Ist seine Lehre keine reine? (2024).

61 Zitiert nach: www.katholisch.de/artikel/50920-papst-franziskus-kritik-an-segnung-homosexueller-ist-heuchelei (abgerufen 15.05.2025).

62 Beise, Wider die Heuchelei (2024).

63 Zitiert nach: www.vatican.va/content/francesco/de/speeches/2024/october/documents/20241026-sinodo-vescovi.html (abgerufen 15.05.2025).

64 Zitiert nach: https://andreas-batlogg.de/wp-content/uploads/2024/11/Note-von-Papst-Franziskus-zum-Synodendokument-25-November-2024.pdf; (das Original auf Italienisch: https://press.vatican.va/content/salastampa/it/bollettino/pubblico/2024/11/25/0934/01866.html).

65 Vgl. www.katholisch.de/artikel/60339-reformprogramm-aus-dem-krankenlager-papst-franziskus-plant-vor (abgerufen 15.05.2025).

66 Franziskus, Hoffe, 268 f.

67 Vgl. Riedl, Credo … synodalem ecclesiam (2024).

68 Findeisen, Zwischen Kuschelblues und Revolution, 3.

69 Gerber – Kramp, Die Weltsynode als Lernweg (2024); vgl. dies., Synodalität. Kirche vom Geist geleitet (2025).

70 Findeisen, Zwischen Kuschelblues und Revolution, 4.

71 Franziskus, Hoffe, 269.

72 Zitiert nach: www.kathpress.at/goto/meldung/2473649/alle-wahlberechtigten-kardinaele-in-rom-angekommen (abgerufen 12.05.2025).

73 Vgl. https://www.kathpress.at/goto/meldung/2473684/kardinal-nichols-neuer-papst-kann-kein-zweiter-franziskus-sein (abgerufen 12.05.2025).

74 Zitiert nach: https://www.katholisch.de/artikel/61396-kardinal-geht-nicht-um-nachfolger-von-franziskus-sondern-von-petrus (abgerufen 12.05.2025).

75 Riccardi, Die Kirche brennt, 221 f. – Das Original (»La chiesa brucia«) ist 2021 erschienen.

76 Weigel, Der nächste Papst, 140.

77 Ratzinger, Begegnung in Rom, 1277; vgl. auch https://www.youtube.com/watch?v=uzsPpaUS3Tc (abgerufen 12.05.2025).

78 Zitiert nach: www.vatican.va/content/vatican/de/special/sede-vacante/sede-vacante-2025/20250507-omelia-proeligendo-pontifice.html (abgerufen 12.05.2025).

79 Zitiert nach: https://www.ilmessaggero.it/de/ein_schmerzhaftes_kapitel_im_konklave-8807025.html (abgerufen 12.05.2025).

80 Zitiert nach: https://religion.orf.at/stories/3230133/ (abgerufen 12.05.2025).

81 Vgl. www.womensordination.org/2025/05/pink-smoke-roundup-may-7-2025/ (abgerufen 12.05.2025).

82 Harris, Konklave, 279.

83 Zitiert nach: https://www.reuters.com/world/new-york-cardinal-dolan-says-new-pope-will-seek-build-bridges-with-trump-2025-05-09/ (abgerufen 15.05.2025).

84 Zitiert nach Spekulationen um Konklave-Verlauf: Wie Prevost zum Papst gewählt wurde - katholisch.de (abgerufen am 15.05.2025).

85 Vgl. Wolf, Konklave, 123–126, 150 f., 191 f.

86 Vgl. ebd., 150; vgl. 191 f.

87 Vgl. ebd., 151.

88 Vgl. https://www.patristicum.org/.

89 Zitiert nach Amrai Coen – Evelyn Finger, Ghetto, Gunshots, Pontifex (Glauben & Zweifeln), in: *Die Zeit*, Nr. 20/2015, 56.

90 Zitiert nach: www.katholisch.de/artikel/61557-leo-der-augustiner-was-sein-ordensbruder-ueber-den-neuen-papst-sagt (abgerufen 15.05.2025).

91 Zitiert nach: https://wien.orf.at/stories/3304696/ (abgerufen 15.05.2025).

92 Zitiert nach: https://wien.orf.at/stories/3304696/ (abgerufen 15.05.2025).

93 Zitiert nach: www.katholisch.de/artikel/61553-leo-xiv-ist-der-erste-augustiner-auf-dem-stuhl-petri (abgerufen 15.05.2025).

94 Regel des Heiligen Augustinus, zitiert nach: https://www.erzdioezese-wien.at/site/menschenorganisation/lebendigekirche/gemeindenundgemeinschafte/ordensleben/article/59525.html (abgerufen 15.05.2025).

95 Zitiert nach: https://www.zeit.de/2025/20/robert-prevost-peru-papst-missionar-chulucanas (abgerufen 15.05.2025).

96 Zitiert nach: https://www.augustinianorder.org/post/interview-with-cardinal-robert-prevost-osa-above-all-a-bishop-must-proclaim-jesus-christ (abgerufen 15.05.2025).

97 Zitiert nach: https://www.vaticannews.va/de/papst/news/2025-05/interview-prevost-kardinal-papst-leo-xiv-bischof-kirche-vatikan.html (abgerufen 15.05.2025).

98 Zitiert nach: https://www.vaticannews.va/de/papst/news/2025-05/papst-leo-xiv-wurzel-peru-chiclayo-piscoya-itv.html (abgerufen 15.05.2025).

99 Gerard O'Connell, Robert Francis Prevost zum ersten amerikanischen Papst gewählt, nach eigener Übersetzung zitiert aus: www.americamagazine.org/faith/2025/05/08/white-smoke-new-pope-elected-250626. (abgerufen 15.05.2025).

100 Zitiert nach ebd.

101 Zitiert nach: https://www.vaticannews.va/de/papst/news/2025-05/interview-prevost-kardinal-papst-leo-xiv-bischof-kirche-vatikan.html (abgerufen 15.05.2025).

102 Ihre Website (https://sodalicio.org) war am 13. Mai 2025 noch aktiv.

103 Zitiert nach: www.americamagazine.org/faith/2025/05/11/pope-leo-xiv-cardinal-cupich-250656 (abgerufen 15.05.2025).

104 Zitiert nach: https://www.americamagazine.org/faith/2025/05/11/pope-leo-xiv-cardinal-cupich-250656 (abgerufen 15.05.2025).

105 Ebd.

106 Renato Silva, zitiert nach eigener Übersetzung in: www.infobae.com/peru/2025/05/08/robert-prevost-y-su-ultima-homilia-en-chiclayo-antes-de-ser-papa-cuando-estamos-cansados-llega-el-senor-a-darnos-fuerza/

107 Vgl. Fares, Hirten, nicht Herrscher (2015).

108 Zitiert nach: www.vaticannews.va/de/papst/news/2025-05/robert-francis-prevost-peru-franziskus-bischof-chiclayo.html (abgerufen 15.05.2025).

109 Die Krönung erfolgte am 3. März 1878, einen Tag nach Vollendung seines 68. Lebensjahres.

110 Zitiert nach: https://katholisch.de/artikel/61528-blick-in-die-geschichte-was-zeichnete-die-leo-paepste-aus (abgerufen 15.05.2025).

111 Zitiert nach: Ansprache des Heiligen Vaters Leo XIV. an das Kardinalskollegium, 10. März 2025, www.vatican.va/content/leo-xiv/de/speeches/2025/may/documents/20250510-collegio-cardinalizio.html (abgerufen am 15.05.2025).

112 Zitiert nach: www.katholisch.de/artikel/61584-papst-dankt-medienleuten-nein-zum-krieg-der-worte-und-bilder (abgerufen am 15.05.2025).

113 Zitiert nach: www.americamagazine.org/faith/2025/05/11/pope-leo-xiv-cardinal-cupich-250656 (abgerufen am 15.05.2025).

114 Zitiert nach: www.katholisch.de/artikel/61578-gaenswein-begruesst-papstwahl-die-verwirrung-ueberwinden (abgerufen am 15.05.2025).

115 Hoff, In Auflösung, 193.

116 Ebd. 197.

117 https://www.vaticannews.va/de/papst/news/2025-05/interview-prevost-kardinal-papst-leo-xiv-bischof-kirche-vatikan.html (abgerufen 15.05.2025)

118 Ebd. 94.

119 Vgl. https://collegeofcardinalsreport.com.

120 Vgl. Friedrich, Der verbotene Wahlkampf hat begonnen (2025).

121 Halík, Der Nachmittag des Christentums, 225.

122 An der vom 5. bis 9. Februar tagenden Versammlung nahmen rund 200 Personen teil, davon 156 Delegierte aus den 39 europäischen Bischofskonferenzen und 44 auf Einladung des Rates der europäischen Bischofskonferenzen. Hinzu kamen 270 Online-Delegierte. – Das Abschlussdokument ist abrufbar unter: www.dbk.de/fileadmin/redaktion/diverse_downloads/dossiers_2023/2023-Abschlussdok-Kontinentalversammlung-Prag-DE.pdf.

123 Halík, Das Abenteuer, Christus zu suchen, 3.

124 Kornelius, Kampf um Rom (2025).

125 Maier, Braucht Rom eine Regierung?, 148.

126 Ebd. 155.

127 Zitiert nach: www.kathpress.at/goto/meldung/2476978/vatikan-synodensekretariat-schreibt-oeffentlich-an-papst-leo-xiv (abgerufen am 15.05.2025).

128 Zitiert nach: www.americamagazine.org/faith/2025/05/11/pope-leo-xiv-cardinal-cupich-250656 (abgerufen am 15.05.2025).

129 Zitiert nach: www.jesuits.global/2025/04/30/father-federico-lombardi-s-reflections-on-pope-francis/ (abgerufen am 15.05.2025).

130 Zitiert nach: www.vaticannews.va/de/papst/news/2025-05/interview-prevost.

131 https://www.vaticannews.va/de/papst/news/2025-05/interview-prevost-kardinal-papst-leo-xiv-bischof-kirche-vatikan.html (abgerufen 15.05.2025).

132 Zitiert nach: Beise – Burghardt – Zoch, Die Last ist mit dir (2025).

133 Hoff, In Auflösung, 189.